邱炯 绘著

上册 少年读论语

© 中南博集天卷文化传媒有限公司。本书版权受法律保护。未经权利人许可，任何人不得以任何方式使用本书包括正文、插图、封面、版式等任何部分内容，违者将受到法律制裁。

图书在版编目（CIP）数据

少年读论语. 上册 / 邱炯绘著. -- 长沙：湖南少年儿童出版社，2024.5
ISBN 978-7-5562-7578-6

Ⅰ.①少… Ⅱ.①邱… Ⅲ.①《论语》—少儿读物 Ⅳ.① B222.2-49

中国国家版本馆 CIP 数据核字（2024）第 078745 号

SHAONIAN DU LUNYU SHANG CE
少年读论语 上册

邱　炯 绘著

责任编辑：唐　凌　李　炜　　　　策划出品：李　炜　张苗苗
策划编辑：蔡文婷　　　　　　　　　监　　制：杨峭立
营销编辑：付　佳　杨　朔　付聪颖　特约编辑：杜天梦
封面设计：霍雨佳　　　　　　　　　版式排版：马俊赢

出 版 人：刘星保
出　　版：湖南少年儿童出版社
地　　址：湖南省长沙市晚报大道 89 号
邮　　编：410016　　　　　　　　电　　话：0731-82196320
常年法律顾问：湖南崇民律师事务所 柳成柱律师
经　　销：新华书店
开　　本：700 mm × 980 mm　1/16　　印　　刷：北京柏力行彩印有限公司
字　　数：175 千字　　　　　　　　印　　张：17.5
版　　次：2024 年 5 月第 1 版　　　 印　　次：2024 年 5 月第 1 次印刷
书　　号：ISBN 978-7-5562-7578-6　 定　　价：89.00 元（全 2 册）

若有质量问题，请致电质量监督电话：010-59096394
团购电话：010-59320018

活泼泼，有生气

每当埋头审读稿件时，看到邱炯的漫画，我总会舒一口气，心里一阵轻松：也该让我享受会儿了——哪怕只有五分钟！

邱炯的漫画栏目《点点和小e》，在《小学生时代》杂志上已经连载好多年了，深受小读者的喜爱。作者从《论语》里找出一句话，"演义"成一段对话，对话里有谐趣，有幽默，有机锋，有味道。古老的先哲智慧就这样与今天孩子们的世界观、人生观发生了联系。

这样的漫画，不是"我注六经"，更像是"六经注我"。《论语》里的精妙语句，成为当今少年观察世界、领悟人生的一个个生动的注脚。

对漫画里的主角"点点"和小读者来说，也不是"道能弘人"，而是"人能弘道"。《论语》里讲的各种道理，不是停留在字句里的，而是经过咀嚼、化用，实实在在修养了自身。

我曾经精读过《论语》，读过朱熹的《论语集注》，读过杨伯峻的《论语译注》，读过李泽厚的《论语今读》，也读过南怀瑾的"南怀瑾讲述"系列，当然，还翻过蔡志忠的漫画。邱炯的漫画之所以给我别具一格的感觉，是因为他对经典的解读都与当下孩子的生活联系在一起，不仅有观念引领的"意义"，还有认知拓展的"意思"，更有审美涵养的"意味"。

要知道，孔子本来就不是一个古板的老夫子，他即使承担着"弘道"的重大使命，也从来不是一副苦大仇深的派头。他的思想是活泼的，他的言行是灵动的，所以，少年在理解《论语》的时候，当然也可以思路清奇一点，灵机一动的时候多那么一点，甚至能适当地玩一玩有趣的"梗"，这样，所有的"理"，就不是一味药，而是像钱锺书先生说的那样，"如水中盐，蜜中花"，没有什么痕迹，却蛮有味道，不知不觉中入脑入心。

教育家苏霍姆林斯基说过，要把握儿童的注意力，就要建立起一种"情绪高涨、智力振奋的状态"。所谓开放式的学习，所谓有质量的思考，一定是在一个较为平等、鼓励提问、允许质疑的情境里发生的。像有点憨、有点灵的"点点"，在和他的父母、老师互动对谈时形成的那种氛围感，很像卜劳恩的《父与子》，特别健康。"小不忍，则乱大谋"——点点竟然安慰起因为工作压力大而暴躁的老爸；"躬自厚而薄责于人"——爱看电视的点点挨批了，他却反过来责备爱刷手机的妈妈，哈哈……当然，孩子不是只会顶嘴，更会有自觉的反思、真诚的自省。

假如孔子复生，翻阅这一本《少年读论语》，估计会发出一句欣慰的感叹：嗯，吾道不孤啊！

吴志翔
美学博士、《小学生时代》主编

第一章
学而篇 001

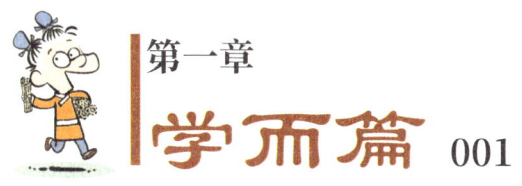

第二章
为政篇 029

第三章
八佾篇 063

 第四章
里仁篇 095

 第五章
公冶长篇 147

 第六章
雍也篇 207

第一章

学而篇

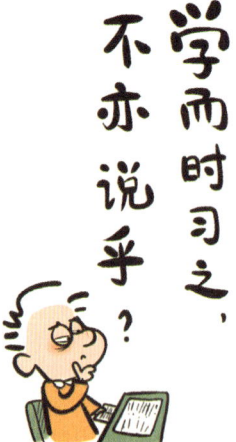

第一章 学而篇

•原 文•

子①曰:"学而时习②之,不亦说③乎?有朋自远方来,不亦乐④乎?人不知而不愠⑤,不亦君子⑥乎?"

注释

①子:中国古代对有学问、有地位的男子的尊称。《论语》中"子曰"的"子"都是指孔子。

②习:一般人把习解释为"温习",但在古文中,"习"常有实习和练习的意思。

③说:通"悦",高兴、愉快。

④乐:快乐。

⑤愠:怨恨,不满。

⑥君子:《论语》中的"君子",有时候指道德修养高的人,即"有德者";有时又指"有位者",即职位高的人。这里指"有德者"。

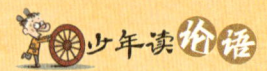

孔子说："学到的东西按时去温习和练习，不也很高兴吗？有志同道合的朋友从很远的地方来，不也很快乐吗？别人不了解我，我却不生气，不也是一位有修养的君子吗？"

这段话，孔子告诉我们，如何做一个快乐的人。学习知识，学以致用，是一件让人愉快的事；和志同道合之人共同进步，也是很快乐的；万一别人不理解自己，不要烦恼，首先从自己身上找找原因。

另外，"习"字的本义是鸟儿练习飞翔，两个"习"就是羽毛的"羽"字了，汉字真是太有趣了。

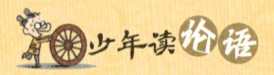

· 原 文 ·

有子①曰："其为人也孝弟②，而好犯上者，鲜③矣；不好犯上，而好作乱者，未之有也④。君子务本，本立而道生。孝弟也者，其为仁之本与⑤！"

注释

①有子：孔子的学生，姓有，名若。

②弟：通"悌"，敬爱、顺从兄长。

③鲜：少。《论语》中的"鲜"都是这个用法。

④未之有也："未有之也"的倒装形式，意思是没有这种人。

⑤与：即"欤"，表示语气的助词。《论语》中的"欤"都写作"与"。

有子说:"那种孝顺父母、敬爱兄长,却喜欢触犯上级的人,是很少见的;不喜欢触犯上级,却喜欢造反的人,更是从来没有的。有德行的君子总是致力于根本,根本建立了,便会产生仁道。孝顺父母,敬爱兄长,这便是'仁道'的根本吧!"

有子是孔子的学生,姓有,名若,字子有。有若同学长得很像孔子,因此孔子死后,他一度被孔门弟子推举为"师"。

《论语》中记载的孔子弟子,只有曾参、有若在整部作品中称"子",冉有、闵子骞只在个别章中称"子"。可能曾参、有若他俩是课代表吧?

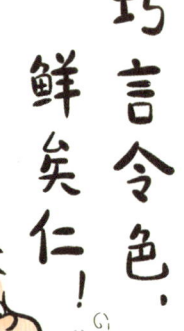

·原 文·

子曰："巧言令色①，鲜矣仁！"
（zǐ yuē　qiǎo yán lìng sè　xiǎn yǐ rén）

注释

①巧言令色：巧言，说着讨人喜欢的话。令色，装出和善的脸色。

孔子说："花言巧语，装出和善的面孔，这种人，'仁德'是不会多的。"

我就刚好相反……因为我"不会好好说话"，妈妈还给我报了个"演讲与口才"的学习班。你呢？

第一章 学而篇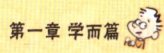

·原 文·

曾子①曰："吾日三省②吾身：为人谋而不忠乎？与朋友交而不信乎？传③不习乎？"

注释

①曾子：孔子晚年的学生，名参（shēn），字子舆。

②三省：多次反省。

③传：老师传授的功课。

曾参说："我每天多次反省自己：替别人办事是不是尽心竭力了呢？同朋友交往是不是诚实守信呢？对老师传授的功课，是不是用心复习了呢？"

013

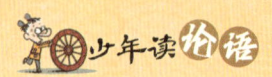

　　这里的"三"表示多次。古代在有动作性的动词前加数字，数字一般表示动作频率。而"三""九"等字，又一般表示次数比较多，不是指具体的次数。

　　曾子是孔子晚年的学生，名参（学术界有不同说法，一般读 shēn，也有人认为应该读 cān），曾参比孔子小四十六岁，是孔子的得意门生，以孝著称，据说《孝经》就是他撰写的。

　　不过孔子说他"参也鲁"（《论语·先进》），意思是说"曾参这个人迟钝"……孔子这个当老师的，真是什么都敢说。

第一章 学而篇

015

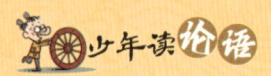

·原 文·

子曰：“道千乘之国①，敬事②而信，节用而爱人③，使民以时④。”

注释

①道：治理的意思。千乘之国：乘，古代用四匹马拉的兵车。春秋时期，打仗用兵车，所以车辆数目的多少往往标志着这个国家的强弱。千乘之国，即代指大国。

②敬事：指对待所从事的工作谨慎专一、兢兢业业。也就是如今所说的敬业。

③爱人：古代"人"的含义有广义与狭义之分。广义的"人"，指所有人；狭义的"人"，只指士大夫以上阶层的人。此处的"人"用的是狭义。

④使民以时："时"指农时。古代百姓以农业为主，这里是说役使百姓要按照农时，即不要误了耕作与收获。

孔子说：“治理拥有一千辆兵车的国家，应该严肃认真地对待工作，讲究诚信，节省费用，并且爱护官吏。役使老百姓要按照农时，要在农闲的时间。”

点点有日

你喜欢做家务吗？我很喜欢洗碗、扫地和整理房间。

过则勿惮改。

孔子说:"过则勿惮改。"就是说,有了错误不要怕改正。

第一章 学而篇

·原 文·

子曰:"君子不重①则不威。学则不固②。主忠信③。无④友不如己者。过则勿惮改⑤。"

注释

①重:庄重。

②学则不固:所学不牢固。

③主忠信:以忠信为主。

④无:不要。

⑤过:过错、过失。惮:害怕、畏惧。

孔子说:"一个君子,如果不庄重,就没有威严。即使读书,所学也不会牢固。行事应当以忠和信这两种道德为主。不要和不如自己的人交朋友。有了过错,不要怕改正。"

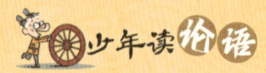

孔子说"不要和不如自己的人交朋友",这样讲就有点"不团结同学"了。后来大家又觉得孔子的意思可能是"不要和忠信不如自己的人交朋友",就是交朋友的时候要注意对方的品德。

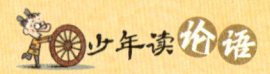

·原　文·

曾子曰："慎终追远①，民德归厚矣②。"

注释

①慎终：指对父母之丧要尽其哀。追远：指祭祀祖先要尽其敬。
②民德：指民心，民风。厚：朴实，淳厚。民德归厚，指民心归向忠厚朴实。

曾子说："谨慎地对待父母的丧事，恭敬地祭祀追思远代祖先，那就自然而然能使民心归向淳厚了。"

中国人自古以来就会崇拜祖先。

远古以来的有巢氏、燧人氏、伏羲氏、炎帝、黄帝被尊奉为中华民族的人文始祖，也就是对中华文明进步做出巨大贡献的人。他们的丰功伟绩被人们代代相传，他们也被人们供奉崇拜，因此我们便自称"炎黄子孙"啦。

第一章 学而篇

·原 文·

子贡曰:"贫而无谄,富而无骄,何如?"子曰:"可也。未若贫而乐,富而好礼者也。"子贡曰:"《诗》云:'如切如磋,如琢如磨'①,其②斯之谓与?"子曰:"赐③也,始可与言《诗》已矣,告诸往而知来者④。"

注释

①如切如磋,如琢如磨:出自《诗经·卫风·淇奥》。意思是:好比加工象牙,切了还得磋,使其更加光滑;好比加工玉石,琢了还要磨,使其更加细腻。

②其:语气词,表示揣测,可译为"大概"。

③赐:子贡的名。孔子对学生一般都称名。

④来者:未来的事,这里借喻为未知的事。

子贡说:"贫穷却不巴结奉承,富贵却不骄傲自大,怎么样?"孔子说:"可以了。但还是不如虽贫穷却乐于道,虽富贵却谦虚好礼。"

子贡说:"《诗经》上说:'要像加工骨、角、象牙、玉石一样,先开料,再粗锉、细刻,然后磨光。'那就是这样的意思吧?"孔子说:"赐啊,现在可以同你讨论《诗经》了。告诉你以往的事,你能有所发挥,知道未来的事了。"

在孔子的时代,大象还是挺多的哟!殷商时期,北方地区大象的分布范围一度十分广泛,甲骨文中经常有商王猎获大象的记录。春秋晚期,楚国还用大象攻击吴军。到了战国时期,黄河流域的农田不断被开垦,人口增长,生态改变,北方的野生大象便逐渐绝迹了。

第一章 学而篇

027

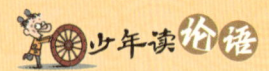

·原 文·

子曰:"不患人之不己知,患不知人也。"

孔子说:"不要担心别人不了解自己,应该担心的是自己不了解别人。"

我觉得这句话孔子说得特别好,别总是抱怨"别人不理解自己"。人和人好好相处,就要学着"换位思考",去试着主动了解对方。

不过有时候我自己都不理解我自己!我毕竟只是一个小孩啊!

第二章

为政篇

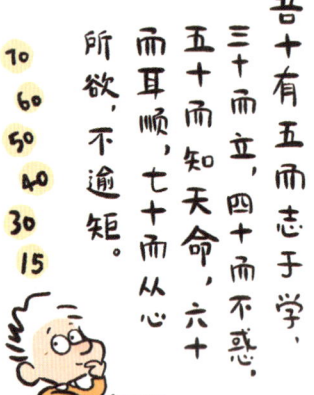

·原　文·

子曰："吾十有①五而志于学，三十而立②，四十而不惑，五十而知天命，六十而耳顺③，七十而从心所欲，不逾矩。"

注释

①有：通"又"。古文中表数字时，常用"有"代替"又"用在整数与零数之间。

②立：站立，成立。这里指立身行事。

③耳顺：对于外界五花八门的言论，能分辨是非真假。

孔子说："我十五岁立志于学习，三十岁能够按照礼仪的要求立足于世站稳脚跟，四十岁心中不再迷惘困惑，五十岁理解了天地万物的自然规律，六十岁能听取不同的意见、分辨是非真假，七十岁能随心所欲地说话做事，又不会超越规矩。"

点点有日

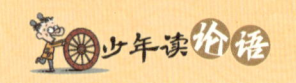

　　所以大人常说的"而立之年"是指三十岁，"不惑之年"是指四十岁。古人通常不会用具体的数字表示自己的年龄，而是用而立、不惑、（知）天命、花甲（六十）、古稀（七十）以及耄耋（màodié）（八九十）、期颐（百岁）表示自己的年龄。

　　还有两个更有趣的说法。伞寿：八十岁寿辰。因"伞"字的草书体形似"八十"，故称"伞寿"。米寿：指八十八岁。因"米"字拆开形似"八十八"，故借指八十八岁。

孟武伯问孝。
子曰：『父母唯其疾之忧。』
请问，什么是“孝道”？
孝道就是，做父母的只为儿女的疾病担忧。
所以呢，让父母为别的事担忧的都是不孝顺的孩子！
让我们花五分钟静静地思索一下，我们的父母都在为我们担心些什么事情。
12345
攒到钱了吗？
沉迷游戏……
体重超标……
追星一族……
学习成绩……
钢琴考级……
英语
数学……
心情沉重
呵呵，话说回来，其实也没有“不孝”那么严重啦……
“可怜天下父母心”啊！爸爸妈妈总是会为这样那样的事为我们担忧。
是啊！是啊！
有些事是靠缘分的，勉强不来，老师您说对吧？
对……
©CHILDREN
不对！！你不要蒙混过关！你的事是属于要靠自己更加努力的那种！
老师会“读心术”？

·原 文·

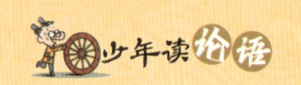

mèng wǔ bó wènxiào   zǐ yuē   fù mǔ wéi qí   jí zhī yōu
孟武伯①问孝。子曰："父母唯其②疾之忧。"

注释

①孟武伯：孟懿子的儿子，姓仲孙，名彘(zhì)。"武"是谥(shì)号，帝王、贵族、大臣等死后，后人依其生前事迹所给予的称号。

②其：代词，此处指代子女。

译文

孟武伯问孔子什么是孝道。孔子说："父母只为孩子的疾病担忧，（而不担忧别的）。"

点点有曰

彘的意思是猪。孟懿子给自己儿子起名叫野猪还真是挺好玩的。

子曰：『今之孝者，是谓能养。至于犬马，皆能有养。不敬，何以别乎？』

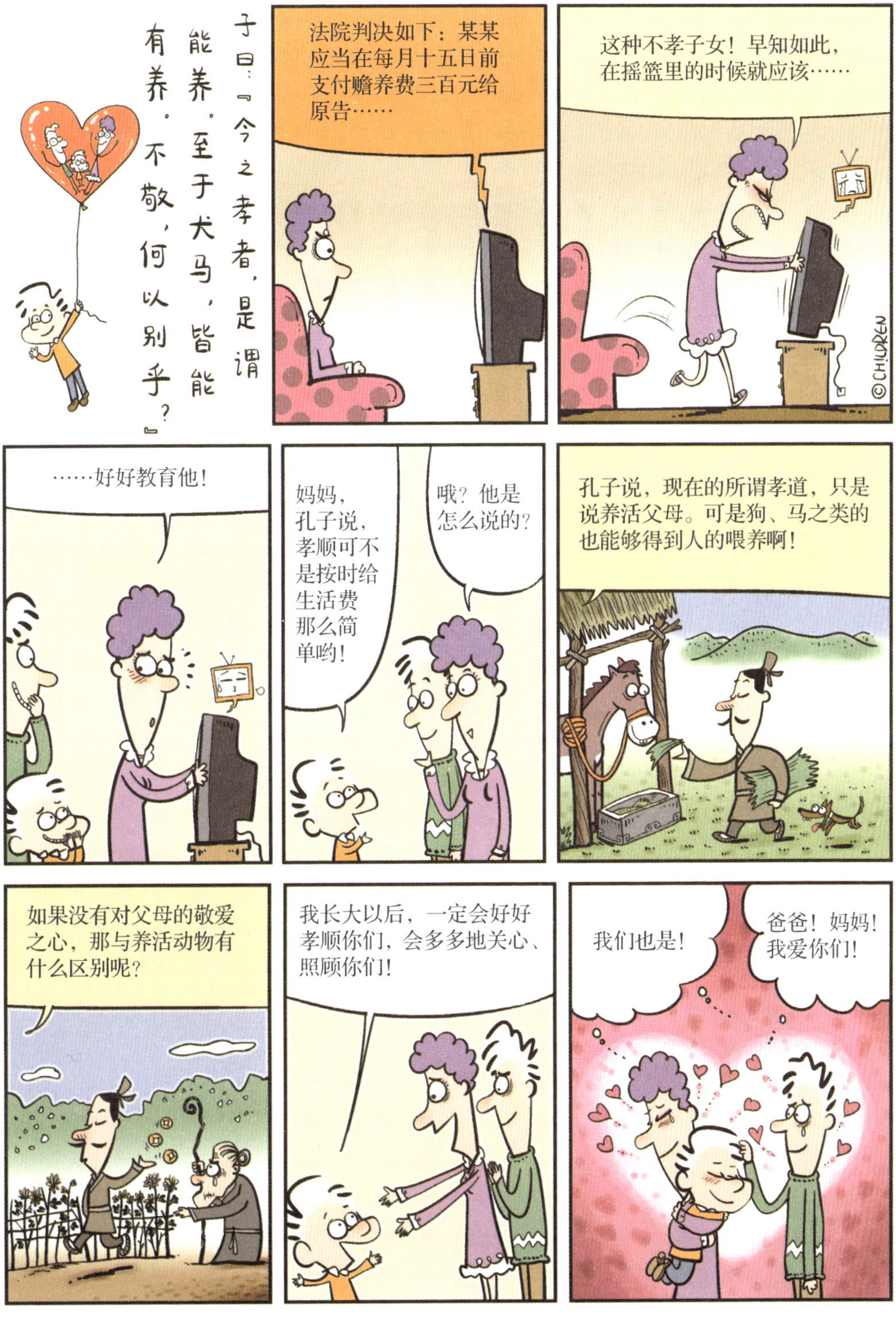

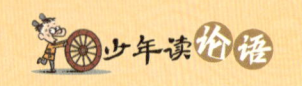

·原 文·

子游①问孝。子曰:"今之孝者,是谓能养。至于犬马,皆能有养。不敬,何以别乎?"

注释

①子游:孔子的学生,姓言,名偃,字子游,吴人,比孔子小四十五岁。

子游请教孝道。孔子说:"现在所说的孝,指的是养活爹娘便行了。至于狗和马,都有人饲养。对父母如果没有恭敬顺从的心意,那和饲养狗和马有什么区别呢?"

点点有日

子游即言偃，擅长文学，曾经在鲁国担任武城的长官，推行礼乐教育。

孔子带着学生路过武城的时候，听到当地奏乐歌唱的声音，很高兴，就微笑对着他说："杀鸡何必要用宰牛的刀？"言偃听后，回答说："从前我常听老师说'在位者学了礼乐之道，就能爱民；普通人学了礼乐之道，就容易听从教令，好管理'，我现在就是这样做的啊！"孔子听后，对随行的弟子们说："同学们，你们听听，他讲得很对啊。我刚才是跟他开玩笑的。"（《论语·阳货》）

子曰：「吾与回言终日，不违，如愚。退而省其私，亦足以发，回也不愚。」

我整天对着颜回同学讲学，他从来不提什么反对意见。

今天，我们讲一讲"仁"。

嗯，嗯，老师说得对！

就会说"对，对，对"，颜回同学……会不会是一个愚钝的人呢？

于是我等到课后暗中观察他。

还挺能发挥的！

今天老师讲的是……

哦！

颜回啊，看来你不是一个笨小孩嘛！

嗯，嗯，老师说得对！

这个故事告诉我们什么呢？谁来说一说？

我来！我知道！

上课一定要积极发言，大胆讲出自己的想法。不然的话，老师就会以为你是个笨小孩，那可就大大地惨了！！

为什么会"大大地惨了"呢？

嗯，那样的话，要改变老师对你的印象，只有靠老师在课间暗中观察你的一言一行了。

那你在课间就只能聊学习上的事了。这还不够惨吗？

•原 文•

子曰："吾与回①言终日，不违，如愚。退而省其私②，亦足以发，回也不愚。"

注释

①回：姓颜，名回，字子渊，孔子最得意的门生。

②退：指散学回去。省：观察。私：私语，指颜回与别人私下讨论。

孔子说："我整天对颜回讲学，他从不提出什么反对意见，像个蠢人。等他回去，我观察到他私下同别人讨论时，却能发挥我所讲的，可见颜回他并不愚笨啊！"

点点有日

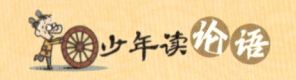

颜回，也叫颜渊。

颜回真的是孔子最喜欢的学生，孔子在《论语》里表扬了他好多次，说他"贤哉回也"（颜回真是贤德的人啊），还说连自己都比不上颜回。

颜回可能就是班级里的"学霸"了吧……

视其所以，观其所由，察其所安。
如何考察一个人呢？我有三个步骤。
①看他为什么要去做这件事。
②看他是怎么样去做事的。
③看他做事时心情如何。
不知道孔子说的灵不灵，有机会我也用用他的方法。
用了我的方法，一个人的真面目怎么隐藏得住呢？
妈妈！我放学回来了！
哈哈！太阳从西边出来了吗？
妈妈！我的作业都写完了！我来帮您洗碗吧！
©CHILDREN
心不在焉啊！
该怎么和妈妈说呢？
心虚冒汗……
要不……等明天？
点点！你是不是……
啊！卷子发下来了！藏在我的鞋子里！！

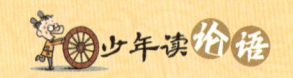

原文

子曰："视其所以①，观其所由②，察其所安③。人焉廋④哉？人焉廋哉？"

注释

①以：为。所以：所做的事。

②所由：所经过的途径。

③安：安心。

④廋：隐藏，藏匿。

译文

孔子说："看一个人的所作所为，考察他处事的动机，了解他心安于什么事情。那么，这个人的内心怎能隐藏得住呢？这个人的内心怎能隐藏得住呢？"

点点有曰

这就是孔子在教我们如何了解别人啦。不过，最了解我的就是我妈妈……在她面前我什么都隐藏不住！

第二章 为政篇

温故而知新，可以为师矣。

——妈妈，我的作业写完了！我出去玩啦！

——孔子说过，温习旧的知识，就会有新的体会。这样就能够做别人的老师了。

——做别人的老师？

——对！你去把昨天的课程复习一下，看看能不能有新的收获，然后可以教给我哟！

——做妈妈的老师？好吧！

让孩子做你的老师，可以激发他们的学习积极性和兴趣。

半小时后

——点点，怎么样啊？有没有什么新的收获？

——收获可多了！我有了好多新发现，都是老师上课没有讲到的地方！

——好！等我接完电话你来给我上课。

丁零

——妈妈！我又发现几处老师上课没有讲的地方！

——点点妈妈？点点最近上课老是走神。提问他，他完全不记得我上课讲了些什么……

·原 文·

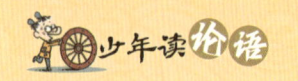

子曰："温故而知新，可以为师矣。"

孔子说："在温习旧的知识时，能有新的体会和发现，就可以当老师了。"

点点有日

我们老师说，复习也要有效率地复习，不能简单地死记硬背。

学习也不是简单的重复和累加，还得有自己的创新。

君子不器。
在中国古代，各种器具在用途上区分得非常细。
器
它们各有各的名字，各有各的用途！
所以，要我说啊，君子不能像器具那样，只有一种特定的用途。应该德才兼备，能文能武才行啊！
!!
明白了吗？
??
看来孔子的比喻不太好理解。
也就是说……君子不能像某些家用电器那样，只有单一的功能，而应该做一个多面手。
啊，这下我明白了！
让我想想啊，君子……电器……功能……
啊？
叮——
妈妈！孔子说了，君子就得像咱家的多功能微波炉那样！

·原文·

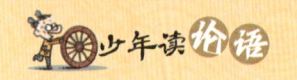

子曰："君子不器。"

孔子说："君子不能像器皿一样（只有一种用途）。"

点点有曰

多功能微波炉是我妈妈最喜欢的家用电器，这种微波炉有微波，有光波，可以烤也可以蒸，面板上的按钮可多了，最重要的是可以加热剩菜剩饭。

还有一种我妈妈最喜欢的，就是手机。

先行其言而后从之。
诺言
爸爸！你知道吗？古代的君子总是先实践自己的想法，然后再说出来。
哦？
因为他们害怕万一说出来之后却做不到，会很没面子。
哎呀！惭愧啊！
哦？
但是现在，有的人却刚好相反，先说了“带孩子去游乐场”，之后却一直不兑现承诺！
是啊，也有的小朋友说他考试要拿“优”的，但之后考卷却失踪了。
也有人说过：“我一定好好表现，再不请家长！”
还有人说过：“要多陪孩子玩，因为他转眼就长大了！”
还有“我写作业再也不拖拖拉拉”……
还有这句“等我股票赚钱了带你去吃海鲜”……
还有……
还有……
©CHILDREN
哈哈哈哈，咱们别吵了，忘掉过去，重新开始吧！
是啊是啊，我们和好吧！
再也不能轻易对小孩许诺了！小孩的记忆力太好了！
再也不能轻易对爸爸许诺了！爸爸太会翻旧账了！

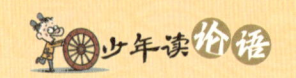

·原 文·

子贡问君子。子曰:"先行其言而后从之。"

译文

子贡问怎样才能做一个君子。孔子说:"对于你要说的话,先实行了,然后再说出来。"

点点有曰

端木赐,复姓端木,名赐,字子贡,他的口才很好,能言善辩,曾担任鲁国、卫国的丞相。此外,端木赐还善于经商,是孔子最有钱的学生。

可能他太能说了吧?《论语》中的孔门弟子与孔子的问答之言,就数他最多。

这一次孔子提示他要言行一致,最好能够先做到,再说出来。

学而不思则罔，
思而不学则殆。
思
学
只知道读书学习，却不思考，就会迷惑无所得。
学
wǎng
罔
只知道空想，却不读书学习，就会疑惑。
思
dài
殆
谁来举个例子？好！点点你来！
老师！我来！
比如我吧……以前我只会死记硬背，不深入思考，遇到没见过的题目就不会做。这就是“学而不思”。
很好！那“思而不学”的例子有没有？
有，就是老师您啊！
什么？
您看，课本里的题目您全会做，就不用学了。而且您总是想很多很多，想怎么管我们，想怎么考试难倒我们，所以总是很累。
©CHILDREN
老师，是我理解错了！您别多想了，我真的不是有意气您的！

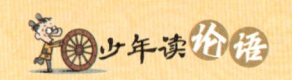

原文

子曰:"学而不思则罔①,思而不学则殆②。"

注释

①罔:迷惘,无知的样子,没有收获。

②殆:疑惑。

孔子说:"只是学习而不思考,就会迷惘无所得;只是思考而不学习,就会疑惑不解。"

学习就像吃饭,思考就像消化。

知之为知之，
不知为不知，
是知也。
知识，来不得半点虚假。
知道的，就是知道。
zhi
知
不知道的，就是不知道。这才是对待知识正确的态度。弄虚作假，不会有好的结果。
老师！
©CHILDREN
上次考试的时候……
遇到的选择题，怎么看着全部都像正确答案呢？
选我！
别选它！
相信我！
我才对！
点兵点将，大兵大将，小兵小将，点到哪个就选谁……
对！
谁知道我运气还真不错，全都蒙对了！
下次我全部出填空题！看你怎么蒙！
哎呀，我的好运气要到头了……

原 文

子曰："由①！诲女②知之乎？知之为知之，不知为不知，是知也。"

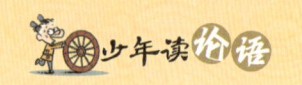

注释

①由：孔子的学生，姓仲，名由，字子路，鲁国卞（今山东泗水）人。

②女：通"汝"，你。

孔子说："由！我教给你如何求知吧！知道就是知道，不知道就是不知道，这才是真正的智慧！"

点点有日

子路姓仲，名由，字子路，是孔子弟子中的大师兄。因他曾为季氏的家臣，又被称为季路。他比孔子小九岁，鲁国人。

子路直率又莽撞，孔子在《论语》里没少批评他，还说过"野哉，由也！"（子路真是个粗人啊！）。我猜子路准是又不懂装懂说了什么，孔子上来就一段"绕口令"打算绕晕他。

人而无信，不知其可也。

做一个不讲信用的人，这怎么可以呢？

不讲信用，就好像牛车上没有輗(ní)，马车上没有軏(yuè)。

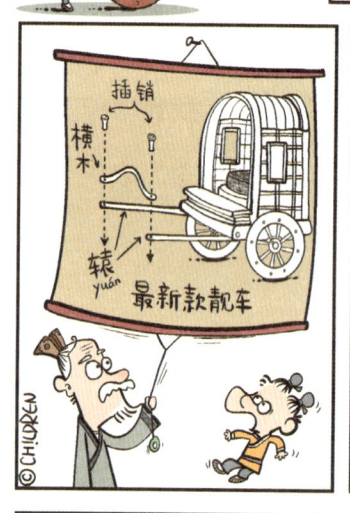

輗？軏？

连接横木和车辕的这两个插销，在牛车上的叫"輗"，在马车上的叫"軏"。

古人真麻烦！

如果没有了它们……

咳！ 驾！

人就飞起来啦！

哞！

诚信果然非常重要啊！

诚信！

嗯，你能明白这个道理，为师很欣慰！

爽！ 谁来救我—— 什么情况？

那我去把这插销还给人家吧？

谁让你拆的？！

原文

子曰："人而无信①，不知其可也。大车无輗②，小车无軏③，其何以行之哉？"

注释

①而：语气助词。信：信誉，诚信。
②大车：指牛车。輗：牛车辕和横木两端相接的插销。
③小车：指马车。軏：马车辕和横木两端相接的插销。

译文

孔子说："一个人不讲信誉，真不知道那怎么可以。就像大车的横木两头没有輗，小车的横木两头少了軏，怎么能行驶呢？"

点点有日

车辕前面与横木的两端相接处的插销，又称为"关键"。

哈哈，原来"关键"一词是这么来的啊！

子张问：『十世可知也？』子曰：『殷因于夏礼，所损益，可知也；周因于殷礼，所损益，可知也。其或继周者，虽百世，可知也。』

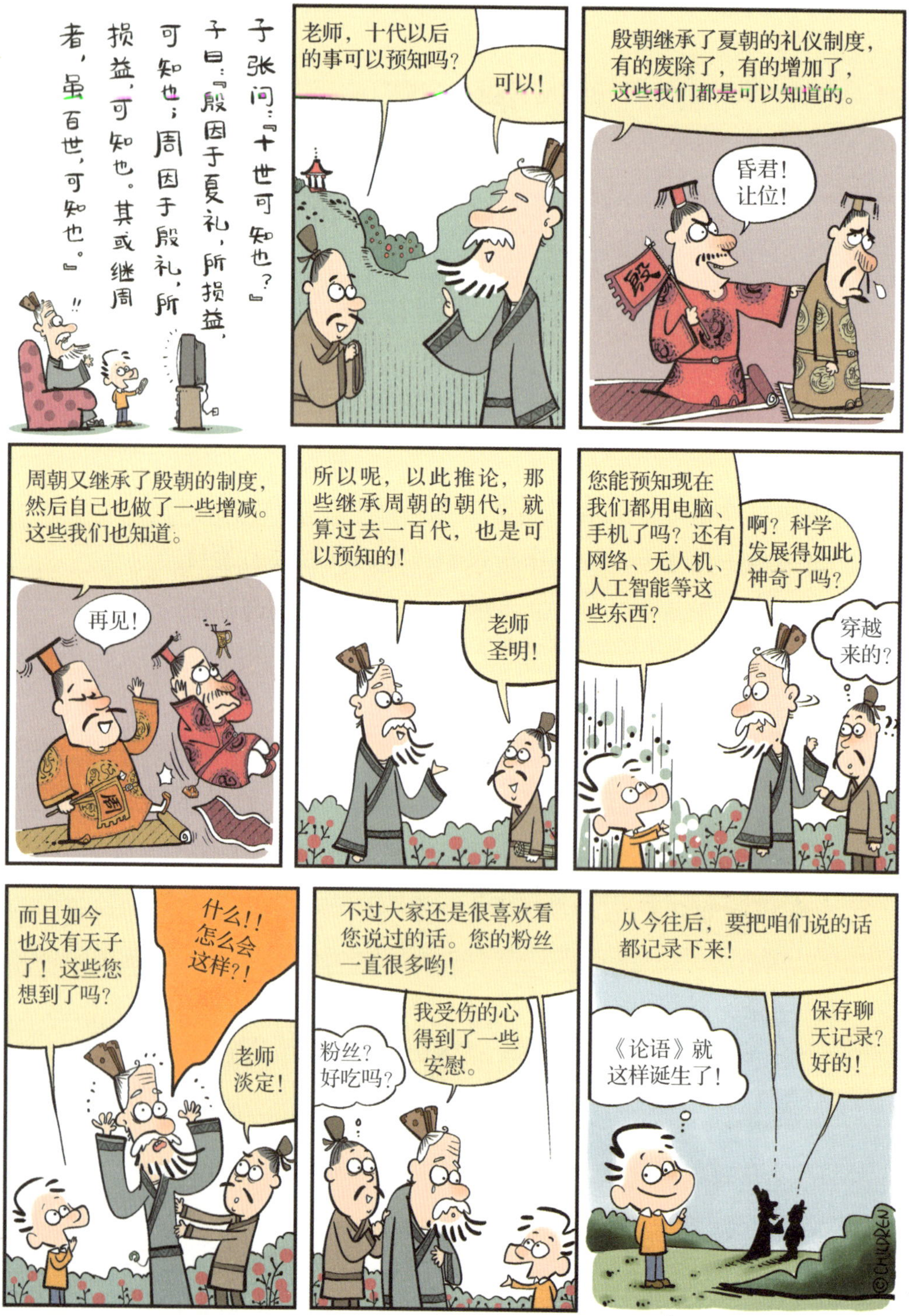

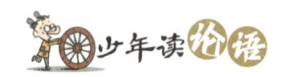

•原 文•

子张问："十世可知也^①？"子曰："殷因于夏礼^②，所损益，可知也；周因于殷礼，所损益，可知也。其或继周者，虽百世，可知也。"

注释

①世：古时称三十年为一世，一世为一代。也有的把"世"解释为朝代。也：表疑问的语气词。

②殷：殷朝，即商朝，商王盘庚迁都于殷（今河南安阳西北），因而商亦称"殷"。因：因袭，沿袭。

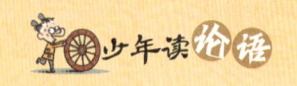

子张问："今后十代的礼仪制度现在可以预知吗？"孔子说："殷朝承袭夏朝的礼仪制度，其中废除和增加的内容是可以知道的；周朝继承殷朝的礼仪制度，其中废除和增加的内容，也是可以知道的。那么，以后如果有继承周朝的朝代，就是在一百代以后，也是可以预先知道的。"

点点有日

子张复姓颛孙，名师，字子张，是孔子的学生。孔子说他"师也辟"（《论语·先进》），意思大概是说他"性格有点偏激"，但是他主张"尊贤而容众"（既尊重贤人，又能容纳众人），是一个很会交朋友的人。

见义不为，无勇也。
这句谁来解释一下？
我知道！就是“见义勇为”！
对！
不过，上次我在公交车上看见一个小偷，他瞪我，吓我……老师，我“勇”不起来啊！
同学们，遇到意外情况的时候，一定要积极动脑筋，想办法。要学会保护自己，不能蛮干。
要学会“见义智为”，这才是“见义勇为”的精神。
见义智为？
比如司马光同学就是一个“见义智为”的好例子！
咕咚！
救命！
幸亏花园装修剩下块石头！
向可靠的大人寻求帮助，也是一个很好的办法。
有了！我可以暗中记下小偷的特征，事后再报告给警察叔叔！
几天以后……
小偷就是我画的这个样子，你们去抓他吧！
好的……好的……

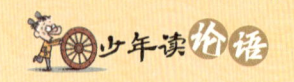

· 原 文 ·

子曰:"非其鬼而祭之,谄①也。见义不为,无勇也。"

注释

①谄:谄媚。

孔子说:"祭祀不该自己祭祀的鬼神,那是献媚的行为;见到合乎正义的事却袖手旁观,那是没有勇气。"

点点有日

《论语》里的"鬼"通常指死去的祖先。

古人祭鬼的目的一般是祈福，以及表达对祖辈的孝道和追思。

成语"见义勇为"就是来自这句。见义勇为要注意不是鲁莽、冒险蛮干，不是直接冲上去，而是要有勇有谋，讲究策略和方法。

第三章

八佾篇

八佾舞于庭，是可忍也，孰不可忍也？

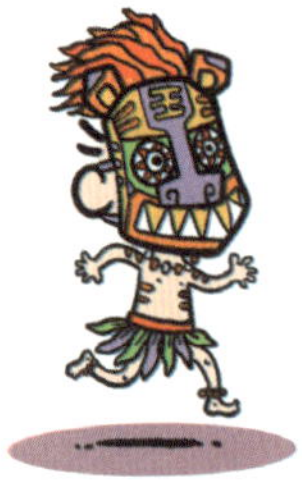

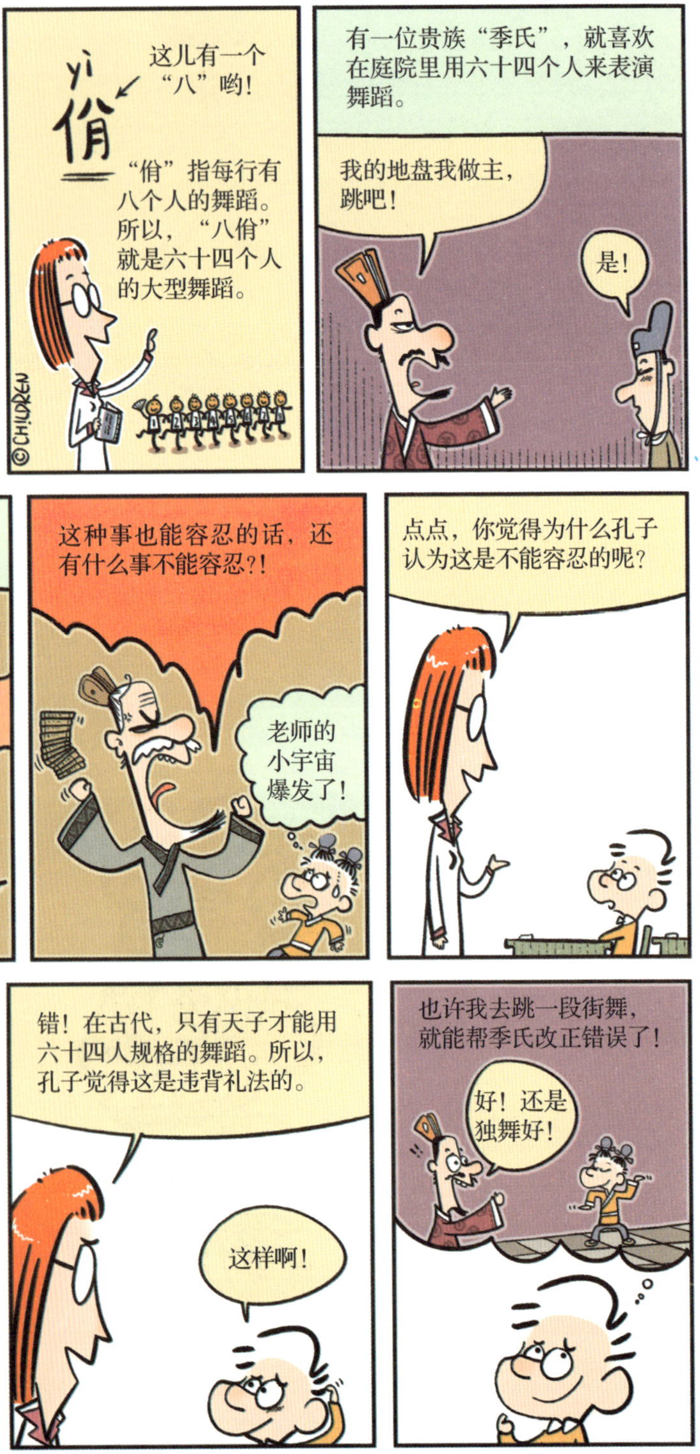

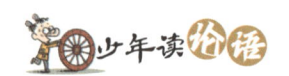

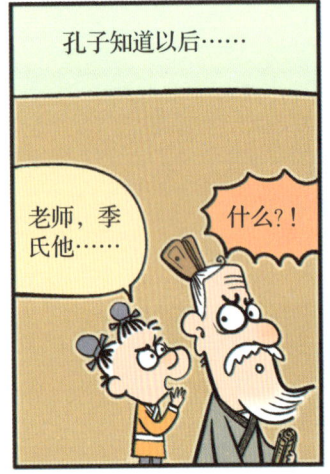

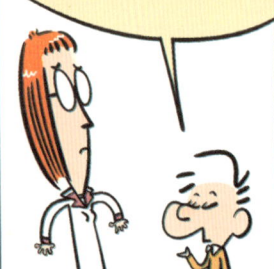

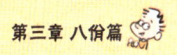

·原 文·

孔子谓季氏①:"八佾②舞于庭,是可忍③也,孰不可忍也?"

注释

①季氏:季孙氏,鲁国大夫。大(dà)夫是古代官阶名称。

②八佾:古代奏乐舞蹈,每行八人,称为一佾。天子可用八佾,即六十四人;诸侯六佾,四十八人;大夫四佾,三十二人。季氏为大夫,应该用四佾。

③忍:容忍。

孔子谈到季孙氏,说:"他用天子才能用的八佾在庭院中奏乐舞蹈,这样的事都能容忍,还有什么事不能容忍?!"

点点有日

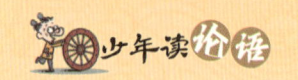

季孙氏偷偷增加了舞蹈队的规模，绝不是他数学不好，乘法口诀没背熟。这种行为古代称为"僭越"（jiànyuè），意思是超越本分行事。在古代，不同地位的人如何做事，应该怎么吃、怎么穿，都有严格的规定，不能违反。

成语"是可忍，孰不可忍"就是出自这里。不过后来意思慢慢演变成"如果这个都可以忍耐，那还有什么不可以忍耐的呢"，指事情恶劣到了让人不能忍耐的地步。

人而不仁，如礼何？
人而不仁，如乐何？
孔子的中心思想是“仁”。
仁
所以他说……
对不讲仁德的人来说，礼法和音乐又有什么作用呢？
因为他们冷酷的内心对礼法和音乐根本就无动于衷。
少来这套！
糟糕了！
!!
这么说，我爸爸也是一个不讲仁德、内心冷酷的人啊！
我让他听最近的流行歌曲，他不但不感动，还直说“难听难听”呢！
与此同时
这音乐怎么啦？
咱儿子怎么会喜欢这种流行音乐?！
当初胎教的时候我给他听了那么多莫什么特之类的，如今一点用都没有……

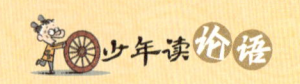

原文

子曰："人而不仁，如礼何①？人而不仁，如乐何？"

注释

①如礼何：怎样对待礼仪制度。

译文

孔子说："做人没有仁德，怎么对待礼仪制度呢？做人没有仁德，怎么对待音乐呢？"

点点有曰

古人是很看重音乐的！音乐在人们的日常生活中应用很普遍。

六艺，也就是礼、乐、射、御、书、数。其中，音乐是古代贵族阶级的基本素养，我猜他们从小就得上音乐培训班。

君子无所争。必也射乎！揖让而升，下而饮。其争也君子。
君子之间，没有什么可争的事情。
真的没有吗？
如果有的话，那一定是比赛射箭啦！
他们先互相作揖行礼，然后上场。
您先请！
不，还是您先！
射完后，再作揖而下场。
您射得真准！
承让啊！
然后一起去喝酒。
来！敬这位射中靶子的大哥！
请叫我“小羿”！
老师，那他们喝完酒谁付钱？赢的人，还是输的人？
我来请客！
我！我来!!
十文！
我猜君子们喝酒应该是“AA 制”。
我觉得也是。
©CHILDREN

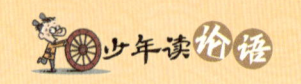

·原 文·

子曰:"君子无所争。必也射①乎!揖②让而升,下而饮。其争也君子。"

注释

①射:指古代的射礼。射礼起源于古人借田猎而进行的军事训练活动,后来发展为射箭的礼仪形式。

②揖:拱手行礼。

孔子说:"君子没有什么可与别人争的事情。如果有,一定是比射箭吧。比赛时,相互作揖然后登堂。射完箭后,下堂一起喝酒。这是一种君子风范的竞赛活动。"

点点有日

周代有"四时田猎"制度，包括春蒐、夏苗、秋狝（xiǎn）、冬狩（shòu）。

田猎有一定的礼法规定，如不捕幼兽，不采鸟卵，不杀有孕之兽，不伤未长成的小兽。另外，围猎捕杀要围而不合，留有余地，不能一网打尽，斩草除根。

看来，古人都知道注意保护野生动物资源，维持自然界的生态平衡！

子入太庙，每事问。

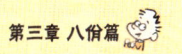

·原　文·

子入太庙[①]，每事问。或曰："孰谓鄹[②]人之子知礼乎？入太庙，每事问。"子闻之，曰："是礼也。"

注释

①太庙：古代开国的君主叫太祖，太祖的庙叫太庙。此处指周公的庙，周公是鲁国最先受封的君主。

②鄹：春秋时期鲁国地名，在今山东曲阜东南。孔子的父亲做过鄹的大夫，所以此处称其为鄹人。

孔子进入太庙，每件事都细细地询问。有人说："谁说鄹邑大夫的儿子懂得礼仪啊？他进入太庙，每件事都要问别人。"孔子听到这话，说："这正是礼啊。"

点点有日

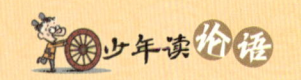

这是孔子年轻时发生的事情。

按理说，孔子是"礼"方面的专家，还每件事情都要向人细细请教。确实有人会怀疑他是不懂装懂，或者是明知故问。

但是孔子觉得这才是"礼"，这是表现他对"礼"的恭敬谨慎的态度。

子贡欲去告朔之饩羊。子曰：『赐也！尔爱其羊，我爱其礼。』
日历什么的，你们不会看自己的手机吗？真是的！
初一为“朔”
十五为“望”、
古人根据我的圆缺来记日子。
周朝的天子会在每年的秋冬之交向各方诸侯颁发第二年的历书。
发历书喽！附送我的签名画像哟！
妈妈再也不用担心我的生日了！
诸侯把历书放在祖庙里，以后每个月的初一要杀一只羊，举行“告朔”仪式。
今天是初一！求祖宗保佑啊！
老师，如今鲁国国君都不来参加“告朔”之礼了，咱就别杀羊了，怪浪费的！
说得太对了，咩！
子贡啊！你是舍不得这只羊，我是珍惜那种礼啊。要做到“领导在和领导不在一个样”啊！
老师我错了！
形式主义害死羊，咩！
你瞧，孔子就是这么坚守心中的理念。
他老人家的最爱就是“礼”啦！
©CHILDREN
可是现在的大人，都太容易动摇了！比如我妈！
听说爸爸的朋友不来我家吃饭了，妈妈连夜上网把预订的烤羊腿给取消了！
这是“尔爱其羊，彼爱其¥”啊！

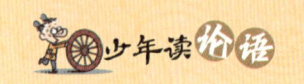

·原 文·

子贡欲去告朔之饩羊①。子曰:"赐也!尔爱其羊,我爱其礼。"

注释

①去:去掉,废除。告朔之饩羊:告朔,朔为农历每月的第一天。"告朔饩羊"是古代一种祭礼制度。周天子于每年秋冬之交向诸侯颁布来年的历书,历书的内容包括指明有无闰月、每月的朔日是哪一天,这就叫"颁告朔"。诸侯接受历书后,藏于祖庙。每逢初一,便杀一只羊祭于庙。

子贡想把鲁国每月初一用来告祭祖庙的羊废去不用。孔子说:"赐啊!你可惜那只羊,我则是可惜那种礼。"

点点有日

　　鲁国自文公起,国君已经不来祖庙参加"告朔"的祭礼了,不过有关部门还是照例杀一只羊供起来。子贡觉得这样有些浪费,但是孔子觉得要是不这么做,以后更加没人记得"告朔之礼"啦。

　　"望"是农历每月十五日,那么你知道"既望"是哪一天吗?

　　"既"在文言文中是"已经"的意思,所以"既望"指农历每月十六日。

成事不说,
遂事不谏,
既往不咎。

已经成定局的事情,就不要多解释了。

已经做成的事情,也无须再去劝说和挽回。

已经过去的事情,也不要再去追究它的得失与责任。

所以,有些事情呢,过去了就让它过去吧!大家不要多议论了。

是,老师。

所以咱们眼睛不能老盯着别人的过错,而是应该吸取经验教训,继续"向前看"!是不是啊?爸爸?

说得好,能不能举个例子?

比如,有的小朋友考试没考好,家长朋友应该"既往不咎",鼓励他下次考好。这样呢,就可以了。

说得好!能不能举个具体一点的例子?

有些事不能太具体!想具体,可以看我的书包!

•原 文•

哀公问社于宰我①。宰我对曰:"夏后氏以松,殷人以柏,周人以栗,曰:使民战栗。"子闻之,曰:"成事不说,遂事②不谏,既往不咎。"

注释

①社:土地神,祭祀土神的庙也称社。宰我:名予,字子我,孔子的学生。

②遂事:已完成的事。

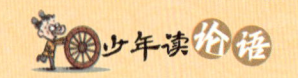

鲁哀公问宰我，做社主应该用什么木料。宰我回答说："夏代用松木，殷代用柏木，周代用栗木，目的是使百姓战战栗栗。"孔子听到这些话，告诫宰我说："已经做了的事不用解释了，已经完成的事不要再劝谏了，已经过去的事也不要再追究了。"

点点有曰

宰我，名予，字子我，孔子的学生。

这位宰予同学曾经因为白天逃课睡觉，挨过孔子的痛骂，说他"腐烂的木头不堪雕刻，粪土一样的墙壁无法粉刷"〔朽木不可雕也，粪土之墙不可圬（wū）也〕，哈哈！

其实宰予同学思想活跃，好学深思，善于提问，还经常和老师辩论，是非常优秀的学生，后来还被评选为"孔门十哲"之一呢！

我看他真是丝毫没有把老师的批评放在心上……

管仲之器小哉！
小器之人
??
管仲曾经辅佐齐桓公成为春秋时期第一个霸主。
齐
伙计们！跟上俺的仲父啊！
演习
宫廷
虽然我赞赏他的能力，但是我必须要说，他这个人，器量狭小啊！
哦？
他多吃多占，手下官员人数众多，一点也不节俭！
人家就是"高富帅"！
他家里的装修竟然是照着国君的标准来的，太无礼啦！
这样才高端大气上档次！
这样的人就像一个小杯子，装不了多少水就溢出来啦！
好烫！
我妈妈也说过类似的话呢！
是吗？
她说她有一个很有钱的同学，从来都不请客，家里的装修一点也没有品位，是一个"很小气"的人。
©CHILDREN
点点，你的妈妈也有点小心眼啊！
后来，她就称呼这人为"那个土豪同学"。

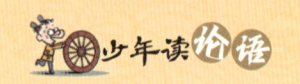

• 原 文 •

子曰："管仲①之器小哉！"或曰："管仲俭乎？"曰："管氏有三归②，官事不摄③，焉得俭？""然则管仲知礼乎？"曰："邦君树塞门④，管氏亦树塞门；邦君为两君之好，有反坫⑤，管氏亦有反坫。管氏而知礼，孰不知礼？"

注释

①管仲：名夷吾，字仲。齐桓（huán）公时的宰相，辅助齐桓公成为春秋时期的霸主。

②三归：市租。按照惯例，市租应该由国君收取。齐桓公称霸之后，对管仲大加赏赐，把收取市租之权给了他。

③摄：兼任。

④树：树立。塞门：在大门口筑的一道屏障，以别内外，相当于屏风、影壁等。

⑤反坫：古代君主招待别国国君时，放置献过酒的空杯子的土台。

孔子说:"管仲的器量太小啦!"有人问:"管仲节俭吗?"孔子说:"管仲有权收取市租,他手下的人从不兼差,这怎么能称得上节俭呢?""那么管仲懂礼仪吗?"孔子说:"国君在宫门前立了一道影壁,管仲也在自家门前立了影壁;国君设宴招待别国君主,举行友好会见时,在堂上设有放置空酒杯的土台,管仲宴客也就有这样的土台。如果说管仲知礼,那还有谁不知礼呢?"

孔子看不上管仲,说他多吃多占不节俭,还不懂礼仪胡乱装修。

但是你别看孔子在这里批判管仲"小器",其实他还是很赞赏管仲的。孔子有好几次提到管仲,都说管仲"仁"——在孔子这里,"仁"可是很高的评价。

乐其可知也：始作，翕如也；从之，纯如也，皦如也，绎如也，以成。

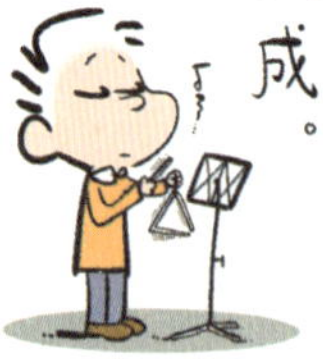

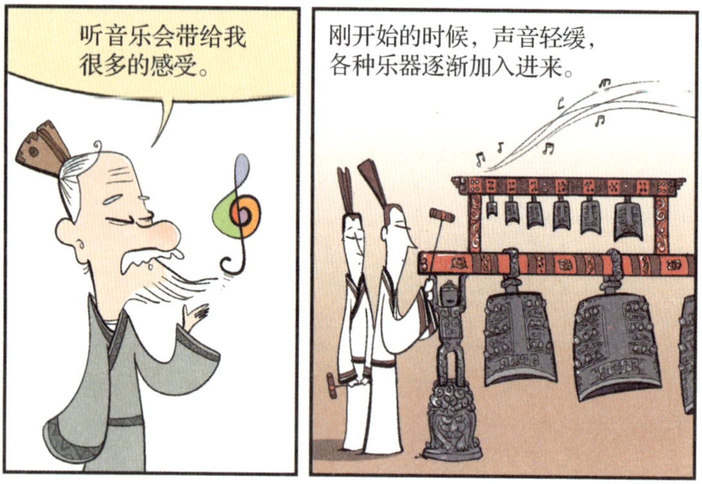

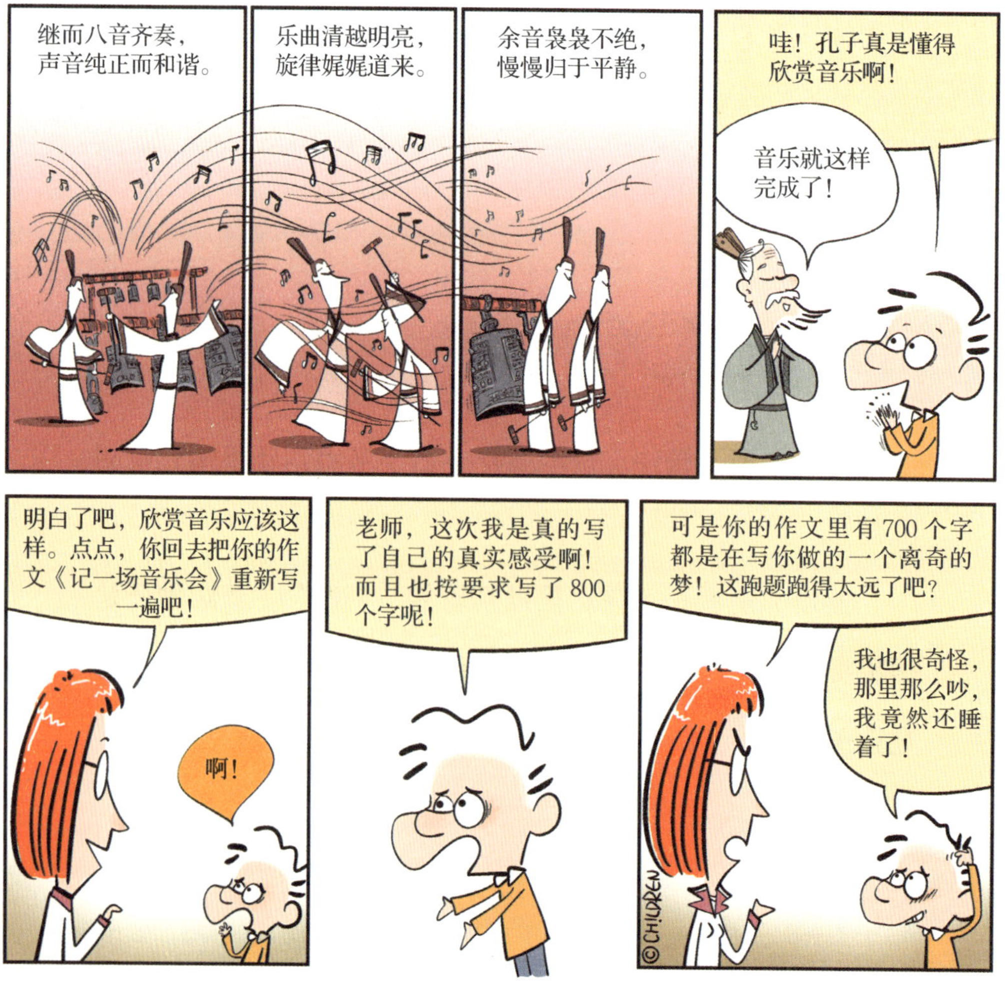

·原 文·

子语鲁大师乐①，曰："乐其可知也：始作，翕②如也；从③之，纯④如也，皦⑤如也，绎⑥如也，以成⑦。"

注释

①语：告诉。大师：太师，乐官之长。

②翕：意为合，聚，协调。

③从：放纵，展开。

④纯：美好、和谐。

⑤皦：音节分明。

⑥绎：连续不断。

⑦以成：以之而成，即以从之纯如、皦如、绎如三者而成。

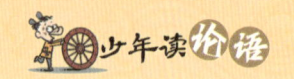

孔子把奏乐的道理告诉给鲁国乐官。他说："音乐是可以了解的！开始演奏时，各种乐器合奏，繁盛热烈；继续下去乐曲逐渐展开，美好而和谐，节奏分明，连续不断，直至演奏结束。"

点点有日

孔子很重视教育，也很懂音乐！

古人的诗词都是配乐的，可惜很多古乐已经失传了。在这里我们只能通过《论语》的文字描绘，来体会古乐的美啦。

天下之无道也久矣，天将以夫子为木铎。
重要通知！注意啦！
木铎
以木为舌的大铜铃
欢迎来到卫国"仪"这个地方，我是本地领导。凡是来我这里的名人，我都想见一见。
又是一个想见老师的人。
啊，好紧张，好激动！
好吧，请进！
入口
同学们，天下无道而黑暗的日子已经很久了，可是你们的老师像木铎那样传道于天下。这是天意啊！感动！
出口
而且，我还拿到了他的亲笔签名！太棒了！
古代也有追星族啊！
他真是这么评价为师的？
是的。
好感动啊！为了这样的粉丝，我也会坚持下去的！
加油！老师！我们支持你！
好，快去把为师上次赶集买的木铎拿来！
是！
©CHUREN
叮叮当，叮叮当，木铎响叮当……传播仁爱多快乐，周游列国在路上，嘿！
老师是实力派，也是偶像派。

·原 文·

仪封人请见①，曰："君子之至于斯也，吾未尝不得见也。"从者见之②。出曰："二三子何患于丧乎③？天下之无道也久矣，天将以夫子为木铎④。"

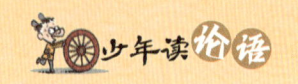

注释

①仪：地名。封人：镇守边疆的小官。请见：请求面见。

②从者：随从之人。见之：孔子接见了他。

③二三子：你们这些人。患：忧愁，担心。丧：失掉官位。

④木铎：以木为舌的铜铃，古代用以宣布政教法令。

仪地的边界守官请求面见孔子，说："凡是到这个地方的君子，我没有不求见的。"孔子的随从学生领他去拜见了孔子。他出来以后，说："你们几位为什么为失去官位而忧虑呢？天下无道已经很久了，因此上天将会起用孔夫子来教化天下。"

点点有日

木铎是一种铜质木舌的铃铛。古代官府有什么事要宣布，便摇这铃，召集大家来听。因为那时候大部分人都不识字，贴个告示老百姓也看不懂。这真像小品里说的："通信基本靠吼，交通基本靠走，治安基本靠狗。"

这位仪地的边界守官也很有趣，不管什么名人路过他这里，他都想去拜见一番。不过他拜见孔子以后，立即从"路人"变成孔子的"铁粉"了。我看他也是个"追星族"！

子谓《韶》:"尽美矣,又尽善也。"谓《武》:"尽美矣,未尽善也。"

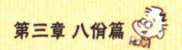

原文

子谓《韶》①："尽美②矣，又尽善③也。"
谓《武》④："尽美矣，未尽善也。"

注释

①《韶》：相传是舜时的乐曲名。

②美：指乐曲的声音美。

③善：指乐曲的内容美。

④《武》：相传是周代用于祭祀的"六舞"之一。

孔子评论《韶》说："乐曲美极了，内容也好极了。"评论《武》说："乐曲美极了，内容还不是完全好。"

点点有口

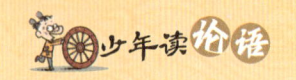

美是音乐的艺术方面，善是音乐的思想内容方面。

舜的天子之位是由尧"禅让"得来的，因此孔子认为这是"尽善"。周武王的天子之位则是由讨伐商得来的，虽然是正义之战，但毕竟使用了武力，孔子认为这有点遗憾，是"未尽善"。

孔子真是一位严格的"乐评人"啊！

第三章 八佾篇

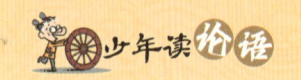

·原 文·

子曰:"居上不宽,为礼不敬,临丧不哀,吾何以观之哉?"

孔子说:"居于统治地位的人,却不宽宏大量,行礼的时候不严肃认真,参加丧礼时不悲伤哀痛,这种样子我怎么看得下去呢?"

点点有曰

如何当领导呢?孔子觉得应当宽宏大量,待人真诚有礼,以及对别人的不幸感同身受,这样他才能成为称职的领导。不然的话,孔子就觉得自己"看不下去"……我猜他遇到这样的领导肯定就辞职不干了。

第四章：里仁篇

里仁为美。

您觉得应该选择什么样的地方来居住才好呢？

一定要住在有仁德的地方，那才是最好的！

现代人可不是这样选房子的！

愿闻其详。

他们要看看交通是不是方便，周围有没有超市、医院和学校，环境怎么样，治安好不好。

话虽如此，你有什么样的邻居也是很重要的哟！

哦？

如果你的邻居乱扔垃圾，不清理狗屎，整天吵吵闹闹、打打杀杀，你住着也不会开心的。

哈哈，自从先生来这里讲学，慕名搬来的人越来越多啦。

把房价推高了，不好意思啊！

希望大家"从我做起"，共同建设和谐社区！

不要输给古人啊！

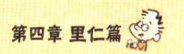

·原 文·

子曰:"里①仁为美。择不处仁,焉得知②?"

注释

①里:可作名词讲,居住之地;也可以作动词讲,居住。

②知:通"智"。《论语》里的"智"都写作"知"。

孔子说:"居住在有仁德的地方才好。选择住处,没有仁德,怎能说是明智呢?"

点点有日

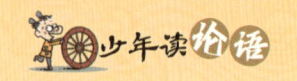

　　古人也很看重环境对人的影响。你听说过"孟母三迁"的故事吗？

　　孟子小时候很贪玩。他家最初住在墓地旁边，孟子就学着别人哭丧，他母亲认为这里不适合孩子成长，就搬到了市集附近居住。结果孟子又跟着商家学叫卖，他母亲认为这里也不适合孩子成长，又搬到了学堂旁。于是孟子开始跟着学生们学习礼节和知识。孟母说："学区房才是适合孩子居住的地方啊！"就在那里定居下来。孟子不断学习，成为继孔子之后儒家又一位重要的思想家。

子曰：『不仁者不可以久处约，不可以长处乐。仁者安仁，知者利仁。』
号外！号外！独家新闻！
一个没有仁德的人，不能长期处在穷困之中，也不能长期处在安乐之中。
老师小心！
让开！让开！
所以说……
村里的有钱人！
有仁德的人能在任何环境下保持自己的道德修养！
老师息怒。
有仁德的人安于仁。
穷也好，富也好，我都无所谓。
咕
有智慧的人利于仁。
多生孩子多种树，致富不忘宣传仁！
呱
长大以后你想成为什么样的人？仁者还是智者？
我？
我想成为一名八卦记者。
八卦？
什么？！
嗯。我把您最近说的话，比如和学生吵架啦，批评国君不靠谱啦，都投稿给著名八卦小报《春秋周末》了！

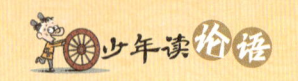

原文

子曰："不仁者不可以久处约①，不可以长处乐。仁者安仁，知②者利仁。"

注释

①约：穷困。
②知：通"智"。

译文

孔子说："没有仁德的人不能够长久地处于穷困中，也不能够长久地处于安乐中。有仁德的人长期安心于推行仁爱精神，聪明的人认识到仁对他有长远的利益而实行仁。"

点点有日

孔子希望有仁德的人能够坚持住，不管是贫穷还是安乐。他也赞成有智慧的人从仁德中获利。不管什么人，只要能把"仁"发扬光大就行！

第四章 里仁篇

富与贵，是人之所欲也，不以其道得之，不处也。

发财啦！

下面，我简单说两句。

这是人人向往的事情。

喂！点点！不要走神啦！

不是通过正当途径得来的财富，

不是通过正当途径得来的地位，

俺们一点也不稀罕！

老师，我们国家还是有很多"大蛀虫"，他们贪财如命，买官卖官，无法无天呢。

"天网恢恢，疏而不漏"，他们早晚有一天会受到国法惩处的。

哎呀，这一句就不要记啦。这句话是老子*说的。

老师，您说得真好！容我把这句记录下来。

原来这是一句名人名言啊。

＊老子，姓李名耳，我国古代哲学家和思想家。

101

君子无终食之间违仁，造次必于是，颠沛必于是。
仁
君子要时时刻刻与“仁”在一起。
仁
哪怕一顿饭的工夫，也不能背离“仁”。
酒
这位客官，吃点什么？
嗯，来盘炒虾仁。
匆忙的时候，也要与仁同在。
点点！带上去卫国游学的干粮！
我带了五仁月饼！
遭遇挫折的时候，也要与仁同在。
你听写时把“赢”字写错了！罚写一百遍！
老师，您有口音，我以为您说的是“仁”。
点点！我说的“仁”，不是你想的那种“仁”！
©CHILDREN
那么，穿越而来的你，请告诉我，你们现代人有没有什么一时一刻也不能离开的东西？
我猜是网络吧。
网络？愿闻其详。
哎呀，说到网络，真是说不完呢！让我慢慢道来。

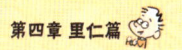

原 文

子曰:"富与贵,是人之所欲也;不以其道得之,不处也。贫与贱,是人之所恶也;不以其道得之,不去也。君子去仁,恶乎^①成名?君子无终食之间违仁,造次^②必于是,颠沛^③必于是。"

注释

①恶乎:怎样。

②造次:急促、仓促。

③颠沛:困顿挫折,形容人事困顿、社会动乱。

译文

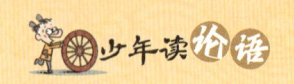

孔子说:"金钱和地位,是每个人都向往的;但是,不用正当的手段得到它们,君子不接受。贫困和卑贱,是人们所厌恶的,但是,不通过正当的途径摆脱它们,君子是不会摆脱的。君子背离了'仁'的准则,怎么能够成就他的名声呢?君子不会有吃一顿饭的时间离开仁德,即使在仓促匆忙的情况下也一定和仁德同在,在颠沛流离的时候也一定和仁德同在。"

点点有日

古语有言:"君子爱财,取之有道。"人类追求财富的愿望是正当的,但是追求的方式则有正当与不正当的区别。靠自己的劳动、自己的智慧,做法律允许的事情获得财富,会赢得尊重和赞扬。相反,不劳而获者、贪赃枉法者、以权谋私者,或许能够一时拥有金钱和地位,但最终会被自己的贪欲毁灭。

第四章 里仁篇

有能一日用其力于仁矣乎？我未见力不足者。

有能花一整天的时间把力量都用在"仁"上的吗？

一整天？老师，我可能坚持不下来。有点"心有余而力不足"呢。

"力不足"都是借口！我没有见过"力不足"的人！

这样讲会不会太打击学生啦？

也许有这样的人吧，反正我是没见过。那你见过"一整天都能自觉严格要求自己"的人吗？

啊？真的？

我也没见过。不过，要是有的话，我觉得一定就在我们隔壁班！

有能整天自觉严格要求自己的人吗？咱们班有这样的人吗？没有！可是人家隔壁班的同学，个个都是这样的！他们……（以下省略800字）

好想穿越到你们隔壁班去看看啊！

我也想。

105

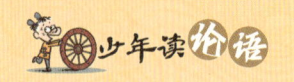

·原 文·

子曰："我未见好仁者，恶不仁者①。好仁者，无以尚②之；恶不仁者，其为仁矣，不使不仁者加乎其身。有能一日用其力于仁矣乎？我未见力不足者。盖有之矣，我未之见也。"

注释

①好：喜爱。恶：厌恶。

②尚：动词，超过的意思。

孔子说:"我不曾见过喜爱仁德的人和厌恶不仁德的人。喜爱仁德的人,那是再好也没有的了;厌恶不仁德的人,他实行仁德,只是为了不使不仁德的事物加在自己身上。有谁能在某一天把他的力量都用在仁德方面吗?我没见过力量不够的。大概有这样的人,只是我没有见到罢了。"

点点有日

古人把一昼夜分为十二个时辰,用十二地支名加上"时"字表示。即子时、丑时、寅时、卯时、辰时、巳时、午时、未时、申时、酉时、戌时、亥时。每一时辰相当于现在的两个小时。十二地支名也对应着十二属相。你能找到自己的属相对应的地支名吗?

观过，斯知仁矣。
点点，这次考试你又做错不少题目吧？
每个人都会犯错误的嘛。何况这次出题的老师太“狡猾”了。
我觉得你属于“不断出错”的人。
不，其实我属于“不断从错误中学习”的人。
©CHILDREN
不过，你知道孔子他老人家是怎么看待“错误”的吗？
不知道。
想知道什么是“仁”？最好的办法，是观察他犯的错误是哪一类。
只有知道什么是“不仁”，才能知道什么是“仁”。下面我们看看这张挂图，了解一下什么是不文明的行为。
哎？这张挂图有点像点点在课本上的涂鸦！
嘻。
所以我重新检查了最近的试卷和作业，把我犯的错误都搜集整理了一遍。
你猜怎么着？收获太大了！有个出版社还打算给我出一本书呢！
啊？什么书？
《小学生常见错题100例》！！

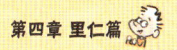

原文

子曰："人之过也，各于其党。观过，斯知仁矣①。"

注释

①斯：则，就。仁：通"人"。

译文

孔子说："人们所犯的错误，都属于不同的类型。所以观察一个人所犯的错误，就可以知道他是什么样的人了。"

点点有日

孔子这个角度很独特啊。有可能一个人平时伪装得很好，只有犯错误的时候，才真正暴露出他的本来面目！

朝闻道，夕死可矣。

在早上听说了真理，

就是当晚死去，也值得了。

这只是一个比喻！用来形容"道"在我心中的重要地位。

每个人心中都会有想要守护的重要东西！静下心来好好想想吧！

嗯……

对了，就是"爱"！

哎？爸爸妈妈回来了！

点点！

准是又闯什么祸了，你认为呢？

爸爸！妈妈！我好爱你们啊！

·原 文·

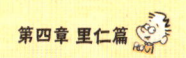

子曰:"朝闻道①,夕死可矣。"

注释

①道:道理,指真理。

译文

孔子说:"早晨能够得知真理,即使当晚死去,都可以。"

点点有日

孔子在这里用"生死"这么强烈的比喻来说明"道"在他心目中的重要地位。"仁"就是孔子的思想核心,也是他的毕生追求。

士志于道，而耻恶衣恶食者，未足与议也。

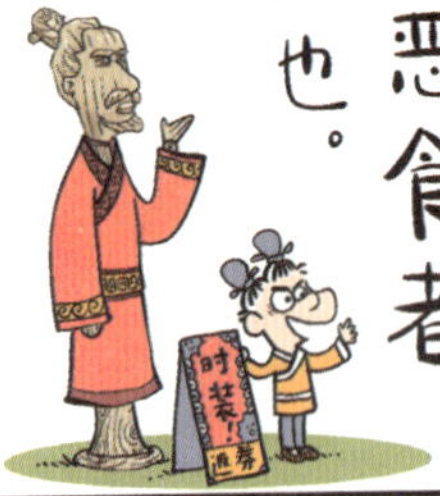

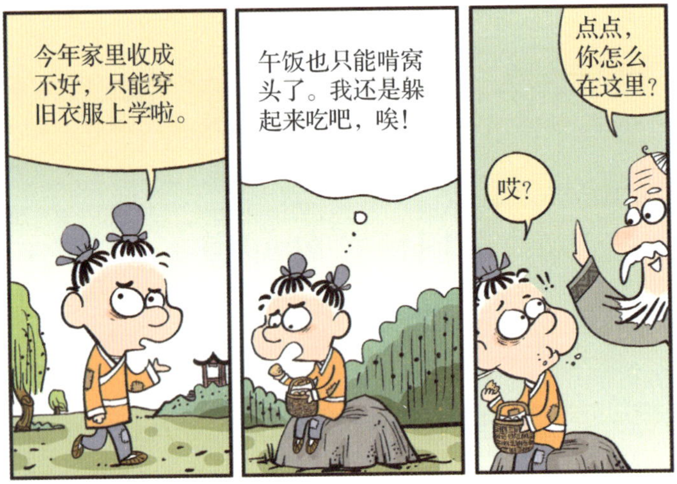

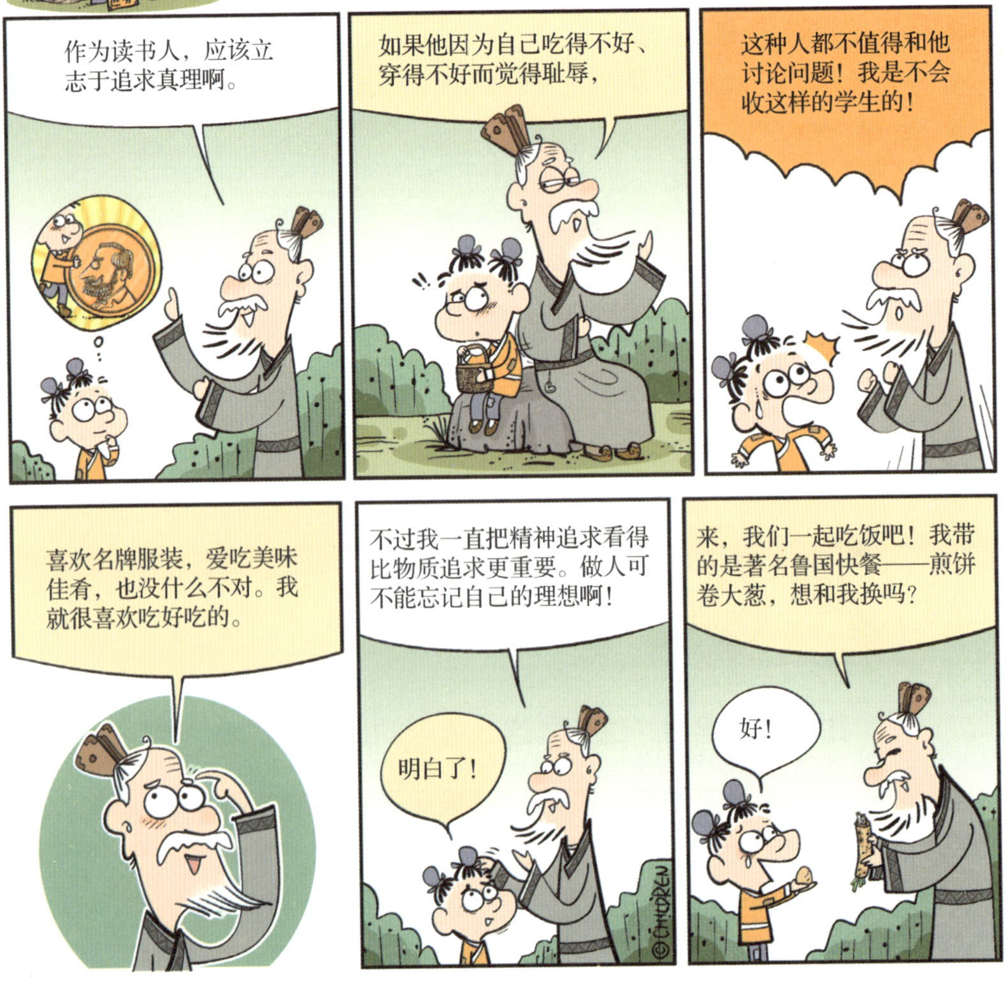

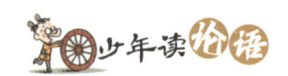

原 文

子曰："士志于道，而耻恶衣恶食者，未足与议也。"

孔子说："读书人立志于追求真理，但又以自己穿破衣、吃粗糙的饭食为耻，这种人就不值得和他商议了。"

点点有曰

士，是贵族下层的一般称呼。在古代，士是贵族与平民的分界线。士往上是大夫、卿、诸侯、天子各级贵族，士往下就是庶（shù）人，也就是平民百姓。再后来，士人变成古代读书人的通称。

君子怀德，小人怀土；
君子怀刑，小人怀惠。

"怀"，就是在心里惦记着的意思。下面学习一下"怀"字。

"怀"字的篆书 → 流泪的眼睛

古人造字真有趣！

下面，我用君子与小人来做对比，说说他们俩的关注点有什么不同。

老师最喜欢对比。

垃圾分类，从我做起

君子爱关注道德修养。

垃圾分类，利国利民。

小人只关注自己居住的乡土。

丢到别处，眼不见为净！

君子爱关心法治。

必须制定关于垃圾处理的法律！

小人则关心各种实惠。

没有好处的事情俺才不做呢。

啊，老师，您为什么突然对垃圾这么有想法？

还不是因为最近经常有人偷偷往我们学校周围丢垃圾！

点点，你干吗钻到树洞里？

我要潜伏在里面，抓住那个没有公德的人！

114

·原 文·

子曰："君子怀德，小人怀土；君子怀刑，小人怀惠。"

孔子说："君子心里怀念的是仁德，小人则安于所处之地；君子关心的是刑罚和法度，小人则关心的是恩惠和好处。"

点点有曰

《论语》里经常提到君子和小人。什么是君子？什么是小人？

孔子说的君子和小人有两种含义：一种是身份，贵族和有地位的人是君子，奴隶和没有地位的人是小人；一种是道德，道德高尚的人是君子，道德低下的人是小人。这里指的是后者。

放于利而行，多怨。

让利
促销

快来买饼干啊！精心制作，营养又美味！鲁国著名特产！特别好吃哟！
太棒了！批发来的无名小饼干，换上漂亮包装就赚了好多钱哟！
叮
叮

第二天
吃了你的饼干，我们全家人都都拉肚子了！
我也是！抓住那个货郎！
痛！
像你这样唯利是图，当然会招人怨恨啦！
可是……
就算吃了会拉肚子，也不至于追着打我啊！有那么严重吗？
©CHILDREN
我们古代还没有发明卫生纸！拉肚子绝对是很严重的事情！！
唉，做了错事应该勇敢地承担责任！
退货处
天哪！来了好多人！
要被村民“痛扁”了！
你的饼干治好了俺们家老爷多年的便秘！
剩下的货俺们全包了！
啊？！
妙手回春

·原 文·

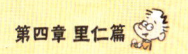

子曰："放于利而行①，多怨。"

注释

①放：依据。利：这里指个人利益。

孔子说："如果依据个人的利益去做事，会招致很多的怨恨。"

点点有日

只依据个人的利益去做事，就会唯利是图、见利忘义，当然招人恨啦！

能以礼让为国乎，何有？

停
让

礼让，是我心中最理想的治国之道！
如果能用礼让来治理国家，还有什么困难呢？
您请。
不，不，您请。
酒

不过人们经常是在课堂上学得挺好，
礼让
礼！
让！
政府管理培训班
下了课仍然争斗不休。
我的！
让开！
全靠自觉也不是办法啊，你说呢？
嗯，在我的世界里是这样的……
©CHILDREN
依法治国
哦？这样啊！
TV
NEWS
嗯，让我好好思考一下“依法治国”。
信
仁
礼
法
忠
老师在思考问题，不要打扰他。我们自己下课吧！
好！

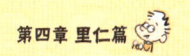

原 文

子曰："能以礼让为国乎，何有①？不能以礼让为国，如礼何②？"

注释

①何有：有什么困难，指不难。

②如礼何：把礼怎么办？即如何实行礼制呢？

译文

孔子说："能用礼让的原则来治理国家吗？这有什么困难呢？如果不能用礼让的原则来治理国家，又怎样对待礼仪呢？"

点点有曰

在孔子的心目中，礼让是道德，也是规范。

他要是早点提出"斑马线礼让行人"就好啦！

不患无位，患所以立。

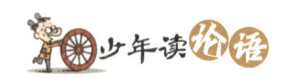

没有被选上"生物角"小组长，觉得难过了？

嗯……

孔子说过，不要发愁得不到职位，应该多想想自己是否有能力担任这个职位。

我……我有能力啊！

那么，你知道如何照顾这些小动物吗？它们爱吃什么？爱玩什么？几点睡觉？

不知道……

不过，我有我的优势！我没上那些培训班，所以我的空闲时间多，可以慢慢学啊！

你有时间应该先把学习成绩搞上去！

哎呀！不要老拿成绩说事嘛……

那只好等我成绩提高后，我再来竞选这个小组长了。

我看好你哟！

这句话说完以后，为什么我觉得有点似曾相识……对了！

昨天

为什么教研组长不是我？

可是，你们班的成绩一直是全年级垫底啊！

哼，等我们班成绩全年级第一的时候，我再来当这个组长！

我看好你哟！

不患莫己知，求为可知也。
WHO AM I
我是谁
你知道吗？张家的孩子刚过了钢琴八级哟！
李家的孩子还拿了数学竞赛大奖！
我不想知道这些“别人家的孩子”的事情！
其实我也希望别人都知道我，处处拿我当榜样。可是……
怎么样才能变得特别有名，让人人都知道我呢？
NEWS
同学们，咱们不要担心没有人知道自己，应该多想想自己有什么值得被别人知道的。
论语
我一定有某个方面特别有名，但是我自己却不知道。
要相信自己啊！
做什么事情都要坚持到底啊！你知道你们学校有一个叫“点点”的吗？
©CHILDREN
他就是坚持什么培训班都不上，现在过了“观众十级”！所以你乖乖给我学钢琴去！
点点，想不到你已经很有名了……

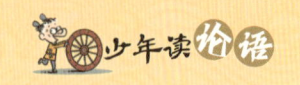

原 文

子曰："不患无位，患所以立①。不患莫己知，求为可知也。"

注释

①患所以立："立"和"位"古通用，这"立"字便是"不患无位"的"位"字。

译文

孔子说："不愁没有职位，只愁没有足以胜任职务的本领。不愁没人知道自己，应该追求足以使别人知道自己的本领。"

点点有曰

孔子相信，求人不如求己。只要自己做好了，自然有人赏识！

曾子曰：『夫子之道，忠恕而已矣。』
赞
同学们，我出去一下。你们自己总结一下这节课的中心思想。
曾哥，请教一下，您觉得中心思想是什么？来，启发启发我，求您了。
点点贤弟，不要这么客气。
©CHILDREN
先生的学说，就是忠恕罢了。
中暑？莫非……
老师，您中暑了！快别说话了，好好休息！
中心思想是刻苦学习，直到中暑！
今天的……作业，是……
不，是“忠恕”！
什么？是“种树”？这……这也难不倒我！
中心思想是植树造林，绿化祖国！
我们只有一个地球！
忠恕！是忠恕！
曾哥息怒，您的普通话也太不标准了。
忠恕
忠，就是办事尽心尽力，自己想要达成的目标，也努力去帮别人达成；恕，就是将心比心，自己不想要的，也不要强加给别人。
嗯，记下来了。
我回来了！谁想出来啦？我给他点个“赞”。
老师！我！我知道！就是“忠恕”！
贤弟！你抢我的台词！

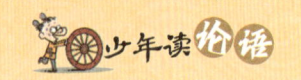

原 文

子曰："参乎！吾道一以贯①之。"曾子曰："唯。"子出。门人问曰："何谓也？"曾子曰："夫子之道，忠恕而已矣。"

注释

①贯：贯穿，贯通。如以绳穿物。

译文

孔子说："曾参啊！我的学说可以用一个根本的原则贯通起来。"曾参答道："是的。"孔子走出去以后，其他学生问道："这是什么意思？"曾参说："先生的学说只是忠和恕罢了。"

点点有曰

曾参很擅长总结中心思想啊！两个字就搞定了！厉害！

用孔子自己的话说，"忠"就是"己欲立而立人，己欲达而达人"（真心诚意地为别人着想和做有利于别人的事），"恕"则是"己所不欲，勿施于人"（自己不想做的事情，不要强加在别人身上）。孔子的中心思想就是"仁"，"仁"的两个方面就是"忠"和"恕"。

夫子，是对年长而学问高的人的尊称，在《论语》里就是特指孔子啦。

君子喻于义，小人喻于利。
讨厌！这股票又跌了五毛钱!!
可恶！
哼！
爸爸，孔子他老人家说过，君子懂得大义，而小人只看重小利。
!!
您这种情况，是不是属于“小人喻于利”这句所说的呢？
不!!
爸爸心里其实是装着“价值投资”之大义的！我给你讲讲啊……
“价值投资”呢，给你举个例子。比如我买了一只股票，等到第二天发现……
刚买完就跌？
那叫调整！
跌了再买？
那叫补仓！
买啊买，一直到买不动？
满仓而已！
都不对!!
唉，你一个小孩子，怎么懂得“价值投资”的大义呢？等我解套了再来教育你！哼……
又惹爸爸生气了？
©CHILDREN

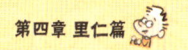

原 文

子曰：“君子喻①于义，小人喻于利。”

注释

①喻：通晓，明白。

译文

孔子说：“君子懂得大义，小人只懂得小利。”

点点有日

孔子把追求义还是追求利当作划分君子还是小人的标准。不过他老人家并不是完全否定利，只是要"君子爱财，取之有道"，如果利不符合道义，就应该"舍利取义"。

见贤思齐焉，
见不贤而
内自省也。
贤
遇到贤德的人，我们要想到与他们看齐！
贤
发现点点在走神……
贤
向右看齐！
??
看到不贤德的人，要自我反省一下。
问问自己，有没有他那种不贤德的行为。
他还在走神……
贤
画个胡子！嘻嘻！
点点！你给我解释一下，为什么你上课老是胡思乱想?！
我……我也不知道。
罚站！去好好反省一下！
罚站处
确实该好好反省……为什么我每次走神都会被老师抓到呢？到底是哪里露馅了呢？
©CHILDREN

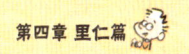

·原 文·

子曰:"见贤思齐焉①,见不贤而内自省②也。"

注释

①贤:贤人,贤德的人。齐:看齐。

②省:反省。

译文

孔子说:"看见贤人,便应该想着向他看齐;看见不贤的人,便应该反省自己(有没有类似的毛病)。"

点点有曰

咱们中国人很喜欢从古代经典中选取文字作为名字。

其实我的名字也来自《论语》!《论语·先进》里有一句:"夫子喟然叹曰:'吾与点也。'"(孔子长叹一声道:"我同意曾点的主张啊!")

事父母几谏。
不行！
爹地……
孝敬父母要讲究技巧，要学会“几谏”。
“几谏”？
就是遇到父母有什么不对的地方，最好不要直接批评，要婉转地规劝他们。他们要是不听，你也不能发脾气哟。
唉，大人都爱面子，咱们小孩还不能和他们一般见识。
现代父母都用什么招数啊？
可是，老师，这太不公平了！我要是犯了错，我爸妈对我一点也不委婉！
©CHILDREN
武力惩罚
一二三四，一二三四，换边屁股，再来一次。
唠叨神功
俗话说得好……
你们班的谁谁谁……
别人家的小孩
我再说两点……
我小时候……
隔壁的小明
我给你举个例子……
经济制裁
这个月的零用钱，全部扣发！你还欠我们15元。
罚款
几千年过去了，父母们咋还是用这几招呢？
莫非老师也有过这样的童年？
就让为师来替你报仇吧！
啊？
父母课堂
正确运用表扬与批评
点点爸！我们咋穿越到这儿了呢？
我也不知道！
哈哈！

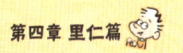

原 文

子曰:"事父母几①谏。见志不从,又敬不违,劳而不怨②。"

注释

①几:轻微,婉转。

②违:冒犯,违抗。劳:忧愁,担忧。

译文

孔子说:"侍奉父母,(如果他们有不对的地方)应该委婉地劝止,如果自己的意见没有被采纳,仍然要对他们恭敬,不加违抗,心里虽忧愁但不怨恨。"

点点有日

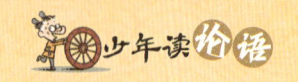

我发现我爷爷奶奶就挺让爸爸妈妈操心的。我爷爷奶奶经常会去买一些奇奇怪怪的保健品和保健仪器。我爸爸妈妈劝他们不要买，他们也不听。还有好几次接到骗子的电话，还好他们耳朵不好没有上当。

不知道我的爸爸妈妈老了以后，我会遇上什么……

父母在，不远游，游必有方。

古时候，交通与通信都很不发达。
通知
饲料涨价
邮资加倍
z
请到邻柜办理
飞鸽
快递
所以，离开亲人之后，就很难再联系上。
一封家书抵万金！
咕！
所以，孔子说——
父母在世的时候，不要去很远的地方啊！
©CHILDREN
假如不得已要远走他乡，要记得将去向告诉父母，免得父母担忧。
不知道我去和妈妈说，她会是什么反应。
论语
妈妈，我要去远方闯荡，等赚了大钱再回来！
臭小子，搞什么花样呢？
好！
哎呀？妈妈没什么反应啊？
游必有方啊！忘了？
对对！这个忘说了。
妈妈，这是我的QQ号、微信号、电子邮箱地址。咱们保持联系！

·原 文·

子曰:"父母在,不远游,游必有方。"

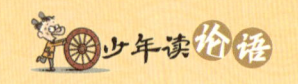

孔子说:"父母在世的时候,子女不远游外地;即使出远门,也必须有一定的去处。"

点点有日

古代社会,交通不便,信息传达非常困难。如果子女不在身边,父母又因为某些原因见不到子女,就可能留下无法弥补的遗憾。

不过孝顺并不是束缚子女的绳索,子女因为自己的需要离开父母也是可以的,只要告诉父母自己的去向,让他们知道紧急时刻如何能找到自己就可以。

随着社会的发展和时代的进步,交通越来越便利,网络和手机也越来越先进。就算远隔千里,也可以很方便地见面啦。

父母之年，不可不知也。
同学们，你们的爸爸妈妈知道你们的生日是哪一天吗？
知道！
那你们知道爸爸妈妈的生日是哪一天吗？
不知道。
忘了！
嗯……
我！我知道妈妈的生日！
就是昨天！因为昨天我们给妈妈庆祝生日了！还吃了大蛋糕!!!
原来是这样！
我们要记住爸爸妈妈的生日哟！孔子说过，父母的年龄，做子女的不能不知道。
爸爸妈妈都会变老，我们要好好孝顺他们哟！
孝
点点，你有没有给妈妈送什么礼物？
有！她可高兴了！
哦？是什么？
啊……我……我怕说出来您会大大地不高兴。
怎么会！快告诉老师！
拍 拍
我把成绩单小小地修改了一下，送给她了……

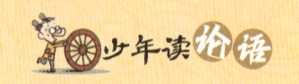

原 文

子曰："父母之年，不可不知也。一则以喜，一则以惧。"

孔子说："父母的年纪不能不时时记在心里：一方面因他们高寿而高兴，一方面又因他们年迈而有所恐惧。"

点点有日

父母都记得给孩子过生日，但是许多人却不大能记得住自己父母的生日。

你知道你父母的生日是哪一天吗？他们今年有多大年纪了？万一忘记了也没关系，请在这一页写下来吧！

第四章 里仁篇

古者言之不出，耻躬之不逮也。

俗话说得好——

"君子一言，驷马难追。"

给我回来！

驷，是套着四匹马的车。

所以，古代的君子不轻易讲话。

因为他们以说出口而做不到为耻。

吹牛大王！

羞死人了！

我们也应该少说空话，多干实事！

对！

点点，你不要叫得这么响，你有什么实际行动吗？

……有！我也决心要说到做到！

所以……请您把我那个《不迟到保证书》还给我，我有几个地方想改一改……

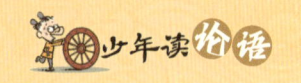

·原 文·

子曰："古者言之不出，耻躬之不逮①也。"

注释

①逮：及，赶上。

孔子说："古时候，言语不轻易说出口，怕自己的行动赶不上而感到羞耻。"

点点有曰

孔子总是说古代的君子怎么好怎么好，再看看你们像什么样子！

在这一点上，孔子有点像我们的班主任。她也总是说隔壁班级怎么好怎么好，再看看你们像什么样子！

以约失之者鲜矣。

欢迎来到“古文猜猜猜”节目现场！猜测古人说的话是什么意思，是不是很有趣？
我是今天的参赛小选手点点！
好，请看题板！《论语》里的这句话，是什么意思？
以约失之者鲜矣
我！我知道！
“约”，就是约束自己，严于律己的意思。
不错！请继续！
“失”呢，就是过失、犯错的意思。
加油！马上就成功了！
太棒了！离答对不远了！
这个“鲜”啊，就难办了，怎么办，怎么办呢？嗯……
有了！这其实是一句食人族的名言，意思是：“严以律己，还犯错误的人，是很鲜美的！”
冤啊！
鲜啊！
哎呀，差点就全对了。这里其实应该念三声“xiǎn”，意思是“很少”。
唉！功亏一篑了！
大意了。《论语》记录的是孔子和他的学生的对话，怎么会有食人族的名言呢？!

·原　文·

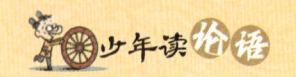

子曰："以约①失之者鲜矣。"

注释

①约：约束。

孔子说："因为对自己有所约束而发生过失的，这种事情是很少见的。"

点点有曰

"约"就是自律，对自己严格要求。用这样的态度去做事，就很少犯错啦。

君子欲讷于言
而敏于行。
你看“讷”字：左边言，右边内。意思就是“话在肚子里，不善于表达”啊！
讷？
因为君子说话的时候很谨慎，所以就显得有点迟钝。但是，他们行动起来却十分敏捷哟！
明白了！
爸爸！您的表现和《论语》中的这句所说的刚好相反啊！
胡说！
您经常说的时候很痛快。
下周一起去动物园！
最近太忙了，推迟到下周吧！
可到实现的时候就慢慢吞吞。
而我呢，就和这句说的一样了。
你？
对啊，比如昨天……
我说的时候吞吞吐吐，非常谨慎。
爸爸？跟您说件事情，就是，就是……
但是我跑得飞快，十分敏捷。
下次我一定考好！
嗯，不错！我也想起来了!!
言多必失！

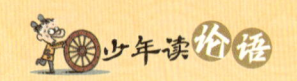

·原 文·

子曰:"君子欲讷①于言而敏于行。

注释

①讷:说话迟钝。

译文

孔子说:"君子在言语上应该谨慎迟钝,而在行动上要勤快敏捷。"

点点有曰

有句话说得好:"不要做语言上的巨人,行动上的矮子。"

第四章 里仁篇

德不孤，必有邻。

豆豆，你的寒假作业写完了吗？

当然！

那你在看什么书？

是《有趣的数学》。

（内心独白）啊？还有这种书？

那我可以在你旁边和你一起看书吗？

为什么？

因为孔子说："品德好的人，不会孤单，必然有人会来和他做伴。"

你是"三好学生"，所以我决定来和你做伴，一起看书学习，行吗？

行！

哈哈哈！嘿嘿嘿！

最新的漫画书。

咦？你在看什么书？

能借给我看看吗？

当然！我们是朋友嘛！

那……你的寒假作业……能"借"给我"看"一下吗？

哼！这才是你跑来套近乎的真正目的吧！！

143

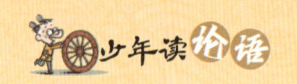

•原 文•

子曰：“德不孤，必有邻。”

孔子说：“品德高尚的人不会孤独，一定有志同道合的人和他做伴。”

点点有曰

古人云：“物以类聚，人以群分。”品格高尚的人聚在一起，叫志同道合；品格低下的人聚在一起，叫沆瀣一气。交朋友的时候，一定要睁大眼睛啊！

事君数，斯辱矣；
朋友数，斯疏矣。

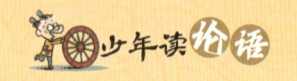

·原 文·

子游曰:"事君数①,斯辱矣;朋友数,斯疏矣。"

注释

①数:频繁,多次。

子游说:"侍奉君主过于频繁,就会遭受侮辱;与朋友交往过于频繁,反而会被疏远。"

点点有曰

与朋友交往过于频繁,反而会被疏远吗?可能就是要和朋友"保持距离感"的意思吧!每个人都有自己的私人空间。和别人相处的时候,不管多么亲密的人,都要保持一种距离感。太过随意,就容易破坏两个人的关系,正所谓"距离产生美"啊。

第五章:公冶长篇

子谓子贱:"君子哉若人!鲁无君子者,斯焉取斯?"

在孔子的众多学生中,有这样一位年轻人,姓宓名不齐,字子贱。

孔子称赞子贱说:"这个人是个君子!"

嗯?不知道怎么搞的,老师竟然这样表扬他。

在他治理的村子里,渔夫会只捕捞大鱼,放掉小鱼。

呵呵,长官想让小鱼长大,呵呵。

究竟是为什么,让他得到孔子如此高的评价?又是为什么,让他的村民自觉坚持可持续发展?

这一切的一切,是否隐藏着惊人的秘密?事件的背后,又有哪些鲜为人知的故事?请收看本期的——

走进春秋

我们有幸请到了子贱同学的老师、著名的教育专家孔子先生来为大家分析!

大家好!

子贱同学之所以能这样,绝不是偶然的。这其中当然也包含了他个人的努力——不过,话说回来……

假如鲁国没有君子,也就是我,那么他从哪里学到这么好的品德呢?嘻嘻……

您真会夸自己。

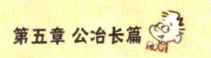

原 文

子谓子贱①："君子哉若人！鲁无君子者，斯焉取斯？"

注释

①子贱：姓宓（fú），名不齐，字子贱，是孔子的学生。

译文

孔子评论子贱，说："这个人是君子啊！如果鲁国没有君子，这种人从哪里获得这种好品德呢？"

点点有日

孔子表扬别人时，有圣人、仁人和君子三个等级。对于自己，孔子表示"若圣与仁，则吾岂敢？"（如果说到圣和仁，那我怎么敢当？）（《论语·述而》）。所以君子已经是很高的评价啦！不过在这里，他就很得意地表示，子贱这么优秀，是因为他这个老师优秀啊。

瑚琏

老师，您觉得俺端木赐人怎么样？
你啊？好像一件器具！
啊？啥器具？
是瑚琏啊。好了，我要去备课了。同学们再见。
老师再见！
是瑚琏！
糊脸？师兄你是面膜吗？
瑚琏是盛放粮食的礼器，宗庙祭祀的时候要拿出来行礼。想不到老师这么重视我，心里还有点小激动呢！
哎呀，原来那个放粮食的叫瑚琏啊！
老师平时也把瑚琏拿回家放粮食用，他管那个叫作——饭桶。
哼！
我明白老师的意思了！后会有期！
啊？我是胡说的！
老师，师兄他觉得不能再待在家里，去闯荡江湖了。
啊？
端木赐后来出任鲁国、卫国之相，他还善于经商理财，是孔子弟子中的首富，智商、财商都很高哟！
以德服人
不服来辩
竞选宣言

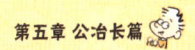

原　文

子贡问曰:"赐也何如?"子曰:"女①器也。"曰:"何器也?"曰:"瑚琏②也。"

注释

①女:通"汝",你。

②瑚琏:古代祭祀时盛粮食的礼器,很珍贵。

译文

子贡问孔子:"我这个人怎么样?"孔子说:"你好比一个器具。"子贡又问:"是什么器具呢?"孔子说:"宗庙里盛粮食的瑚琏啊。"

点点有目

瑚琏是古代祭祀时盛粮食的礼器,是相当贵重的,所以孔子在这里用它比喻子贡是可以重用的人才。不过孔子还说过"君子不器",所以子贡还得努力啊!

子使漆雕开仕，对曰："吾斯之未能信。"子说。

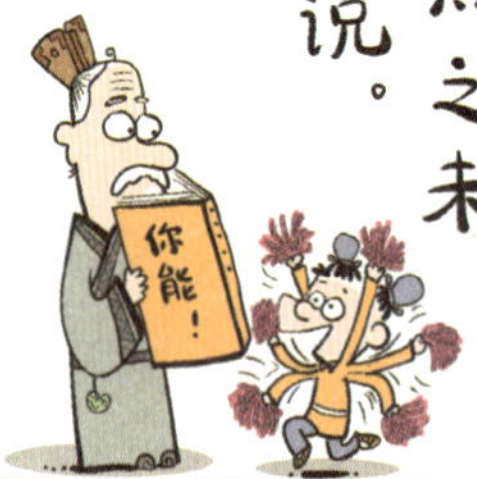

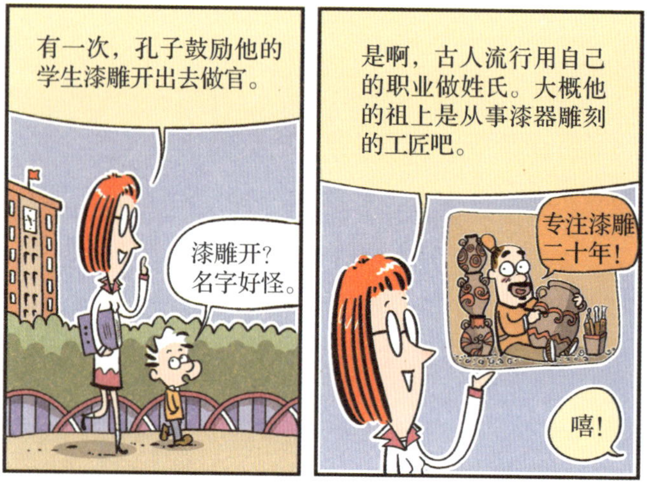

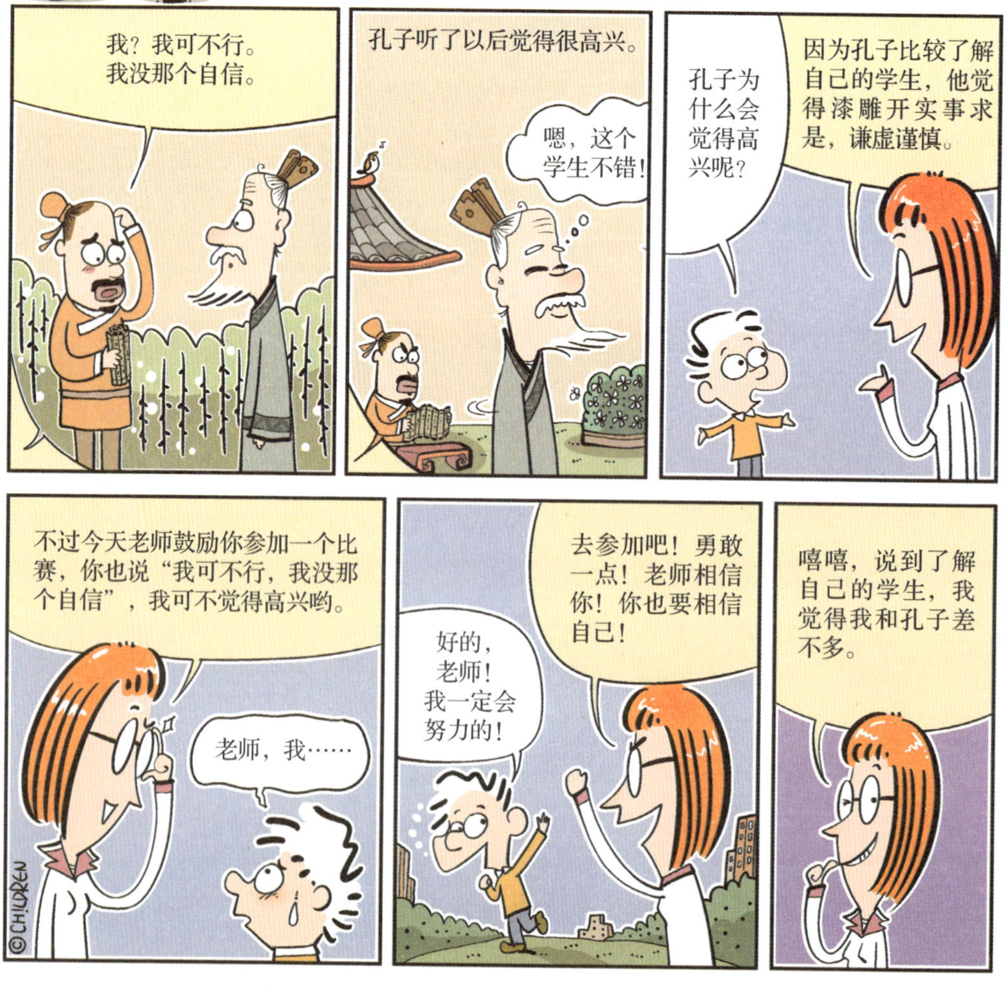

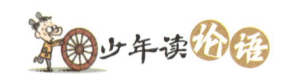

原文

子使漆雕开①仕，对曰："吾斯之未能信。"子说②。

注释

①漆雕开：姓漆雕，名开，字子开，孔子的学生。
②说：通"悦"。

译文

孔子叫漆雕开去做官。他回答说："我对这件事还没有信心。"孔子听了很高兴。

点点有日

孔子赞成学生学有所成之后出去做官，服务国家和社会。他的学生子夏就说："仕而优则学，学而优则仕。"（做官的事情做好了还有余力，就应该去学习以求更好；学习学好了还有余力，就可以去做官以便更好地推行仁道。）（《论语·子张》）

不过这次孔子好像是在试探漆雕开同学。在听到漆雕开同学谦虚地表示自己不行以后，他就欣慰地笑了。

道不行，乘桴浮于海。从我者，其由与？

想起那些往事，我就生气！

己欲立而立人，己欲达而达。己所不欲，勿施于人。

仁

唉，我的德政主张在这里是行不通啦！

还不如乘着木筏去海外！

愿意跟我一起去的人，也就只有仲由同学了吧！

没错！俺子路是最忠实的跟班！

我！我也要去！

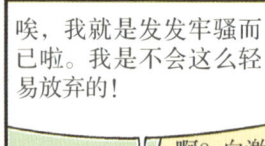

好！我带上你们，你们带上钱，我们去旅游！

哈哈哈！

太好了！

哎呀，我是个小孩，出去玩必须要父母签字同意啊。

老师，你们别着急走，等我办好签字手续行不行啊？

干粮准备好了！让我们来一场说走就走的旅行吧！我们的目标是星辰大海！

啊？

干粮

唉，我就是发发牢骚而已啦。我是不会这么轻易放弃的！

啊？白激动了！

子路这个冒失鬼！

原 文

子曰："道不行，乘桴①浮于海，从我者，其由与？"子路闻之喜。子曰："由也好勇过我，无所取材。"

注释

①桴：用来在水面浮行的木排或竹排，大的叫筏（fá），小的叫桴。

译文

孔子说："如果主张行不通了，我想乘着木排漂流海外。跟随我的，恐怕只有仲由吧？"子路听了这话很高兴。孔子说："仲由好勇的精神大大超过我，这没有什么可取的。"

点点有日

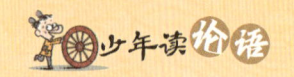

想不到孔子也会有遭受挫折想要放弃的一天。很快他就给自己找借口了，说子路同学比他勇敢，但这没什么可取的。（也有人认为"无所取材"指"找不到制作木排的材料"。）不过孔子也就是发发牢骚，为了推行仁道，他是不会轻易放弃的！

第五章 公冶长篇

子谓子贡曰："女与回也孰愈？"对曰："赐也何敢望回？回也闻一以知十，赐也闻一以知二。"子曰："弗如也，吾与女弗如也。"

端木赐同学，我问你个问题：你觉得你和颜回同学相比，谁更优秀一些呢？

啊？我怎么敢和颜回同学比！

他啊，听到一件事，就可以推断出十件事！

我呢，听到一件，只能推断出两件！

哎呀，你确实赶不上他。我同意你的看法。

是啊，颜回最好，颜回最棒，谁都比不上颜回，哼。

老师再见！我和点点再聊几句。

唉，班上有颜回这个"学霸"，我的压力实在太大了！

你不要老和别人比。你要和自己比，发现自己的进步和优点！

哎呀，还是点点贤弟会安慰人！听完你的话，我坚强多了！

没办法，我们班"学霸"更多！不坚强能行吗？！

原文

子谓子贡曰："女与回也孰愈①？"对曰："赐也何敢望回？回也闻一以知十，赐也闻一以知二。"子曰："弗如也，吾与②女弗如也。"

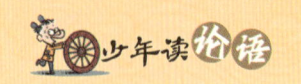

注释

①女：通"汝"，你。愈：胜过，超过。

②与：同意、赞成。

译文

孔子对子贡说："你和颜回相比，哪个强一些？"子贡回答说："我怎么敢和颜回相比呢？颜回听到一件事就可以推知十件事；我听到一件事，只能推知两件事。"

孔子说："不如他啊！我同意你的看法，是不如他呀。"

点点有日

"吾与女弗如也"这句话有人解释为"我和你,咱俩都赶不上他"。要是这样解释,颜回就更强了!孔子这样评价颜回,可见他是多么欣赏颜回。

子贡也是聪明人,他没有直接回答自己和颜回谁更强,而是用自己的"闻一知二"来衬托颜回的"闻一知十"。子贡这样回答,可见他情商很高,怪不得他后来在商业和外交上都很成功!

朽木不可雕也。
爸爸？什么叫“朽木不可雕也”？
在腐烂的木头上雕刻，那是白费力气。因为刻好的东西也会烂掉。
雕刻，还是要用上好的木材！
雕
孔子用这句话批评那些嘴上说大话，却没有实际行动的人，认为教育他们是浪费时间。
哦！
等一下！点点怎么会知道这一句？难道老师说……
点点！你可真是“朽木不可雕也”！以后再也不管你了！
他小小年纪，怎么能够遭受这种打击?！万一……
出走
孩子，别难过，这句话也不是全对！朽木也不是完全没用，还能长木耳呢！这是谁对你说的？
欸？
是妈妈。她还说你就知道窝在沙发里看电视，不求上进，要我不要学你。

第五章 公冶长篇

听其言而观其行。

以前，孔子对他人的态度是"别人说什么，我就相信什么"。

后来，他的一个叫宰予的学生，使他转变了观念。

老师！我去看书啦！

去吧！要好好学习，天天向上哟！

回头却发现，宰予同学其实是去午睡了。

明白了！不能只听一个人说什么，还要看他的实际行动才可以！啊，多么痛的领悟！

老师，我老早就从我爸爸那里明白这个道理啦！

哦？

（开始）周末带你去儿童乐园玩！

好！

（后来）爸爸太忙了，把这事给忘记了……

哼！

对了！上次你跟我保证要背课文的，现在背得怎么样啦？

最近太忙，把这事给忘了。

老师也从你身上明白了一个道理！你知道是什么吗？

是……遗传太强大了，真是让人没办法。

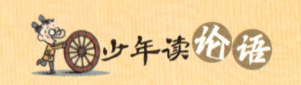

·原 文·

宰予昼寝。子曰:"朽木不可雕也,粪土之墙不可杇①也。于予与何诛②?"子曰:"始吾于人也,听其言而信其行;今吾于人也,听其言而观其行。于予与改是。"

注释

①杇:建筑时用来抹墙的工具,这里指涂饰,粉刷。

②与:语气词。诛:意为责备、批评。

宰予白天睡觉。孔子说:"腐朽了的木头不能雕刻,粪土一样的墙壁不能粉刷。对宰予这个人,不值得责备!"孔子又说:"最初,我对待别人,听了他的话便相信他的行为;现在,我对待别人,听了他的话还要考察他的行为。因宰予的表现,我改变了对人的态度。"

点点有日

别看孔子这样痛骂宰予，其实宰予是很优秀的学生，他擅长言语，能言善辩，和子贡并列。后来他还被列为"孔门十哲"之一呢。

"昼寝"就是大白天睡觉。古人把一日分为朝、昼、夕、夜四段。昼，大约是上午九点到下午四点。古人希望人人都勤奋，午睡是不好的。

现在大家对午睡的态度就很宽容啦，我上幼儿园时还拿过"午睡第一名"的奖状呢！

子曰："吾未见刚者。"或对曰："申枨。"子曰："枨也欲，焉得刚？"

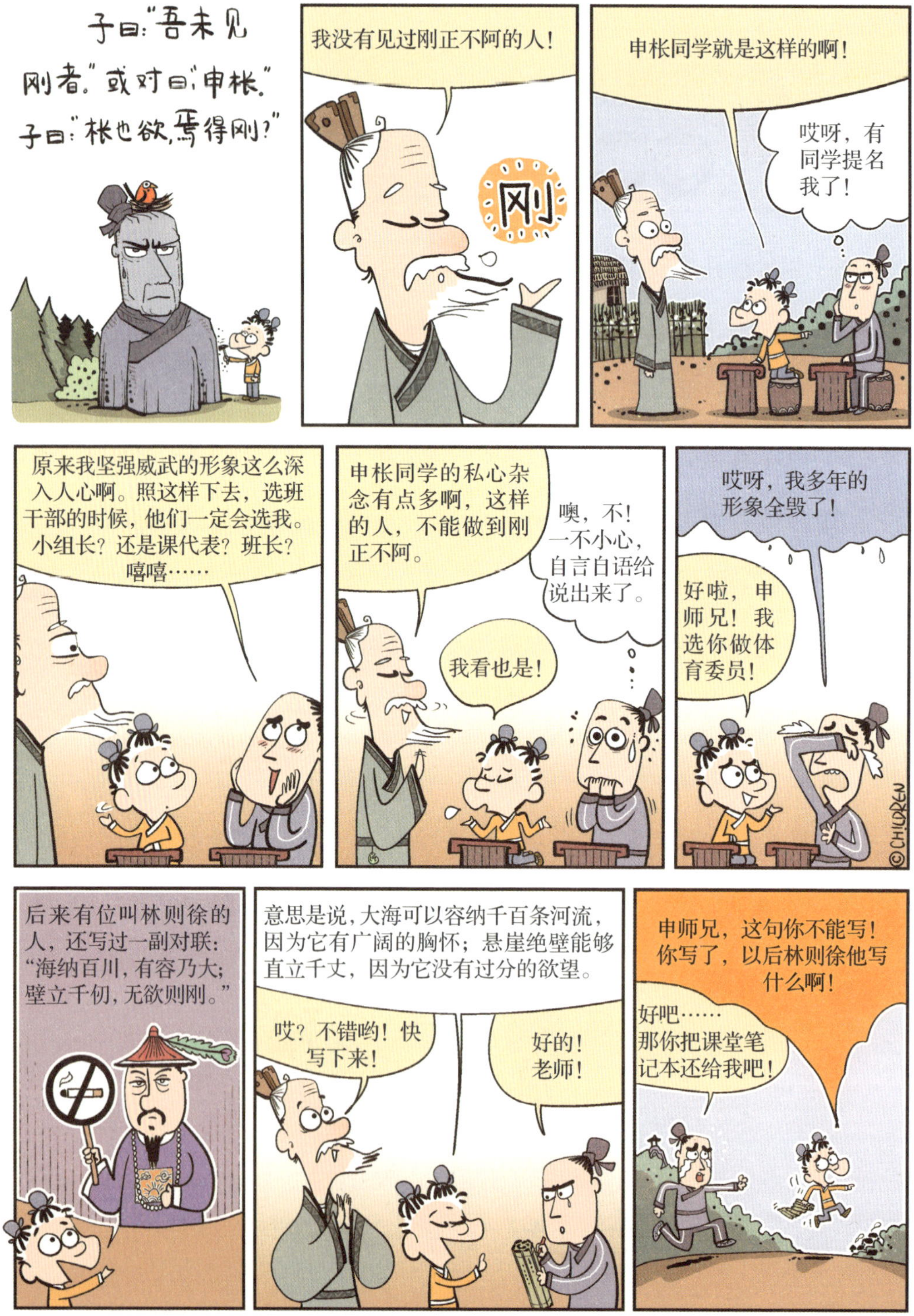

原文

子曰："吾未见刚者。"或对曰："申枨[1]。"
子曰："枨也欲，焉得刚？"

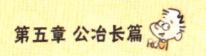

注释

①申枨：孔子的学生，姓申，名枨，字子周。

译文

孔子说："我没有见过刚毅不屈的人。"有人回答说："申枨是这样的人。"孔子说："申枨啊，他的欲望太多，怎么能够刚毅不屈？"

点点有日

"无欲则刚"是说一个人如果没有贪欲，他就能够刚毅不屈。"人到无求品自高"是说人如果没有对名利的贪求，他的品格自然就会高尚。这些名言古训都是劝诫我们放下贪欲，做一个正直无私、品德高尚的人。

虎门销烟的民族英雄林则徐写过一个对联，上联是"海纳百川，有容乃大"，下联是"壁立千仞，无欲则刚"。

子贡曰："我不欲人之加诸我也，吾亦欲无加诸人。"子曰："赐也，非尔所及也。"

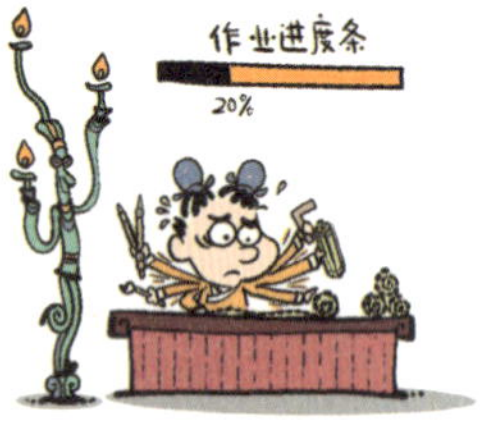

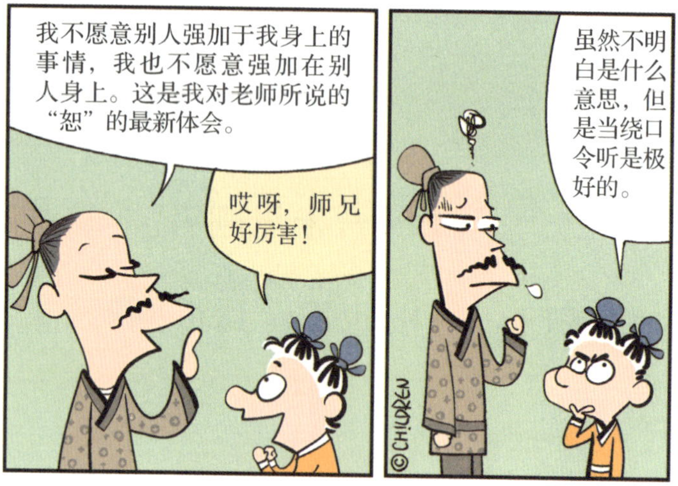

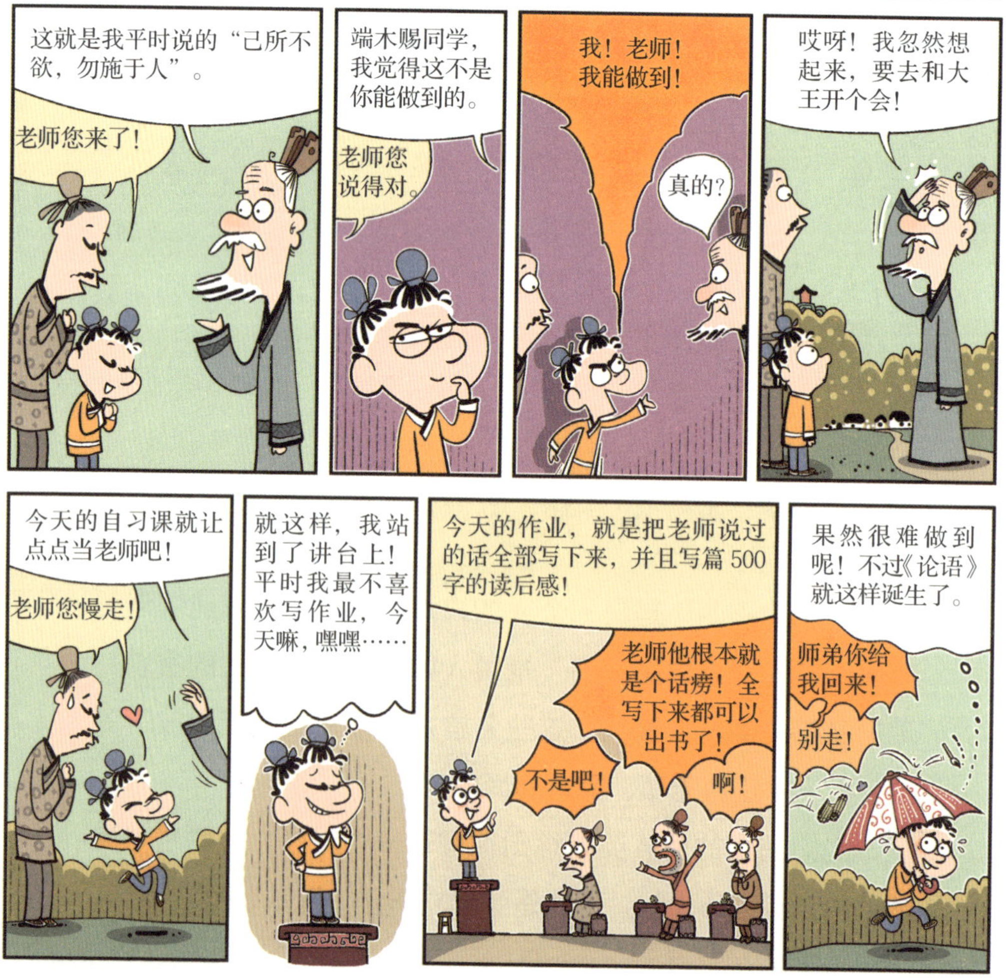

·原 文·

子贡曰:"我不欲人之加①诸我也,吾亦欲无加诸人。"子曰:"赐也,非尔所及也。"

注释

①加:施加。

译文

子贡说:"我不希望别人强加给我的事,我也不希望强加给别人。"孔子说:"赐啊,这不是你可以做得到的。"

点点有日

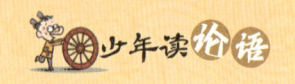

子贡觉得自己已经达到"己所不欲，勿施于人"的境界了，但是孔子觉得他还差点意思，因为子贡同学喜欢在背后议论他人。（"子贡方人。"《论语·宪问》）我们不喜欢别人说自己的八卦，但很喜欢说别人的八卦；我们做学生的时候不喜欢刷题，但一旦做了老师，就想让学生天天刷题……所以"己所不欲，勿施于人"是一件很不容易的事情啊。

子贡曰："夫子之文章，可得而闻也；夫子之言性与天道，不可得而闻也。"

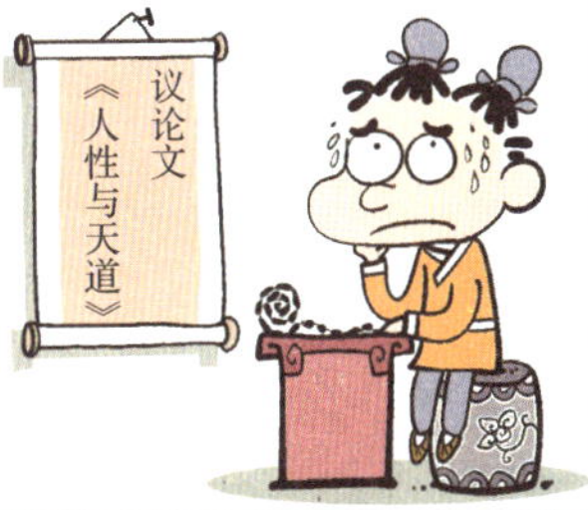

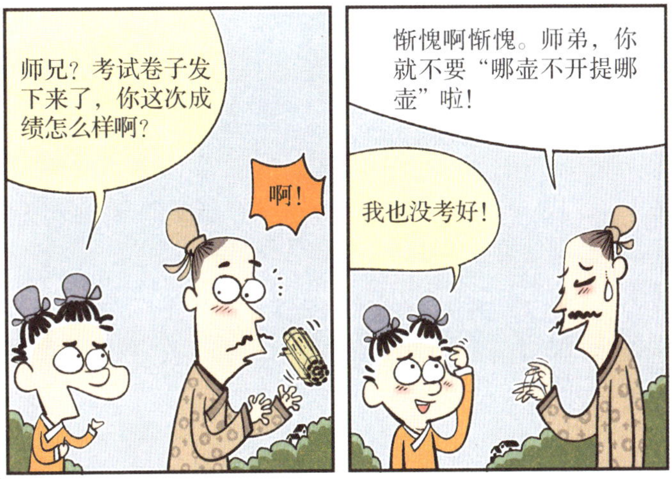

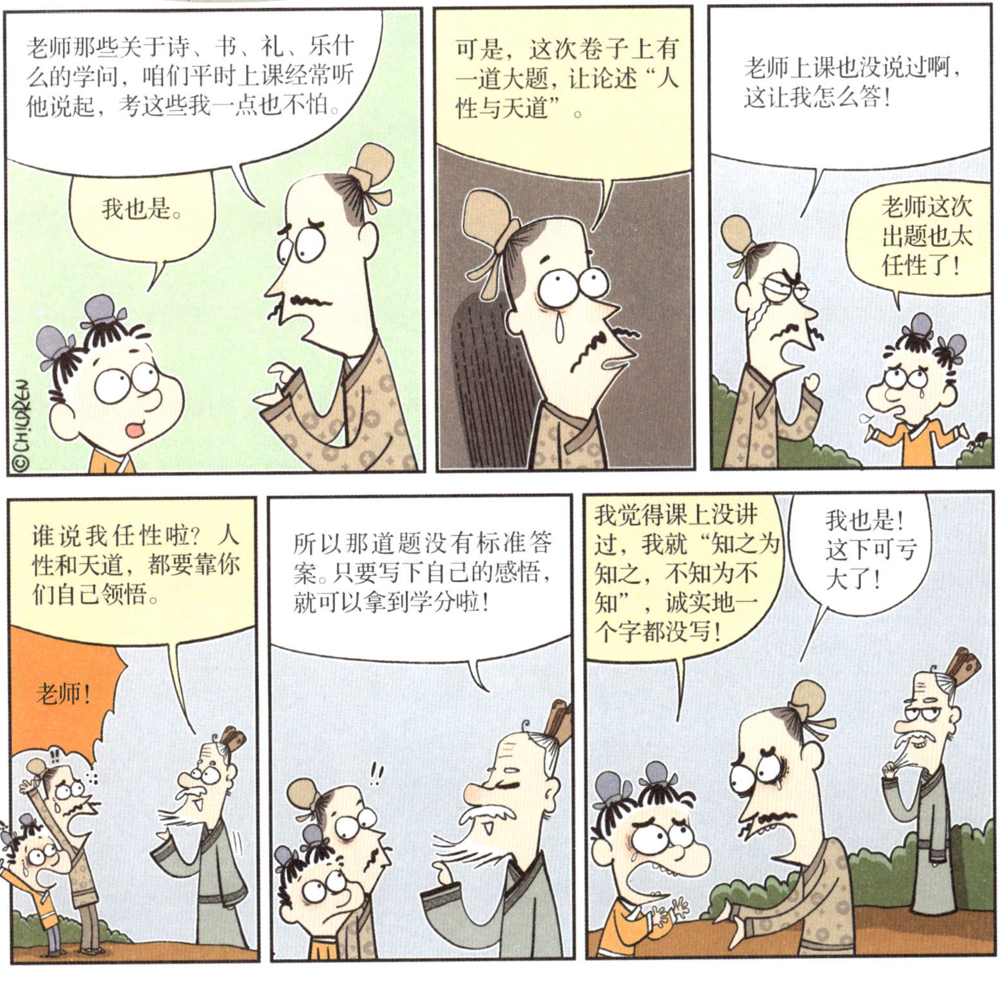

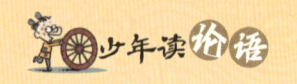

·原 文·

子贡曰:"夫子之文章,可得而闻也;夫子之言性与天道①,不可得而闻也。"

注释

①性:人的本性。天道:古代所讲的天道一般是指自然和人类社会吉凶祸福的关系。

子贡说:"老师关于文献典籍方面的学问,我们能够听得到;老师关于人性和天道方面的言论,我们从来没听到过。"

点点有日

关于人性，孔子只说过"性相近也，习相远也"一句话；至于天道，他更是一句没提。所以他的学生也就觉得没听说过啦。

也可能这个问题孔子自己也没有想好。这种"老师都不知道答案"的问题，在考试的时候会考吗？假如出现这种题目，你会怎么答？

子路有闻,未之能行,唯恐有闻。

点点!

念念有词

停!豆豆,别和我说话!

啊?为什么?

下节课不是要抽查背诵课文吗?我刚刚才背熟。这时候,要是有人和我说话……

就有可能发生极其恐怖的事情!

我脑子里刚背熟的东西就会被聊天内容"冲掉"。

啊?

你这样有点像子路哟!他听到一个道理,如果自己没能去实践,他就唯恐又听到新的道理。

是吗?

多谢你和我分享这么有趣的事情!

然而,不出我所料……

我背的课文全都被这件事"冲掉"啦!!

对不起!

·原 文·

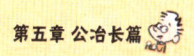

子路有闻，未之能行，唯恐有①闻。

注释

①有：通"又"。

译文

子路听到了什么道理，还没有来得及去实行，只怕又听到新的。

点点有日

子路有点像电脑程序的"单线程"。

单线程在处理任务时，必须按照连续的顺序完成，必须先处理好前面的，才会执行后面的。"多线程"则相反，可以多个任务一起执行。但是多个任务之间要协调好，不然就容易乱。

子路这个急性子，从老师那里听到什么道理，就想很快去实行。但是如果一下子接收太多道理，他就容易"死机"啦。

子贡问曰：「孔文子何以谓之「文」也？」子曰：「敏而好学，不耻下问，是以谓之**文**也。」

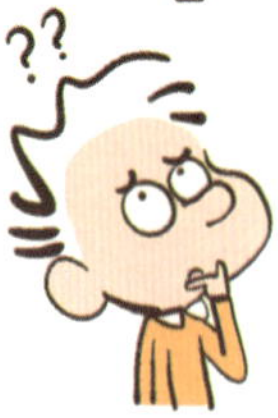

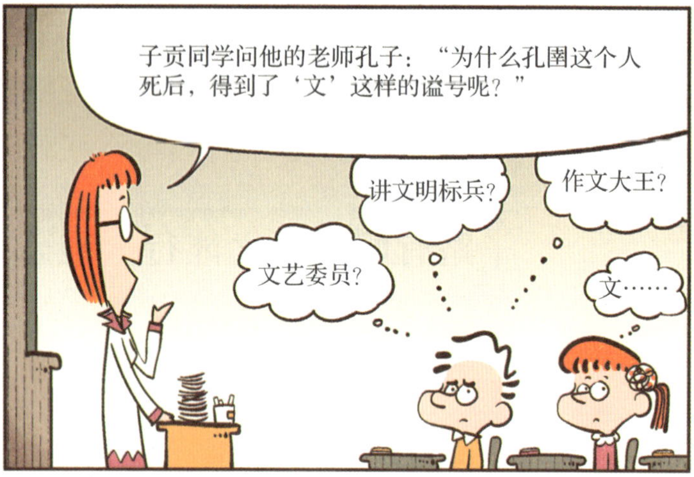

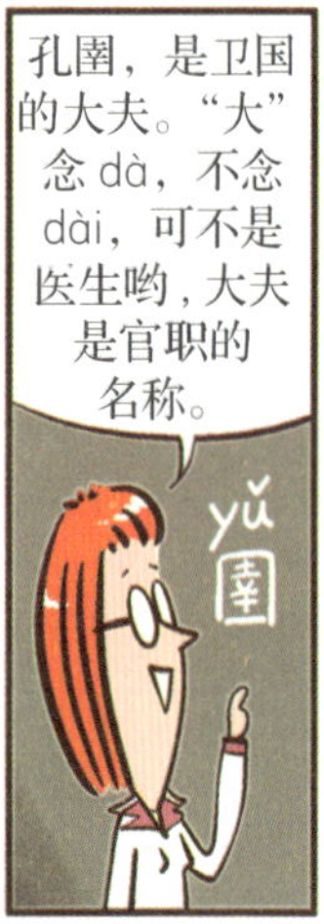

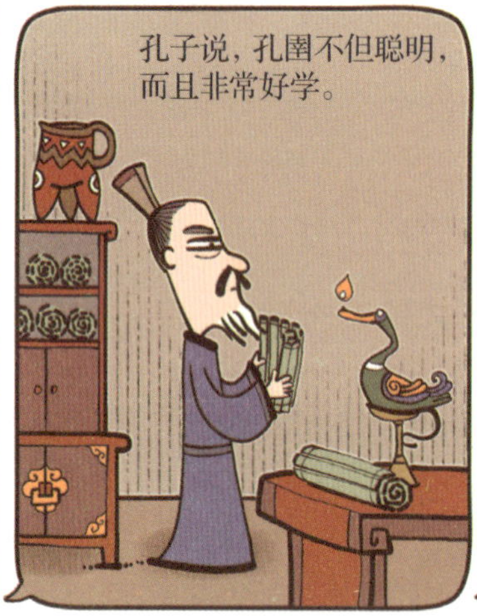

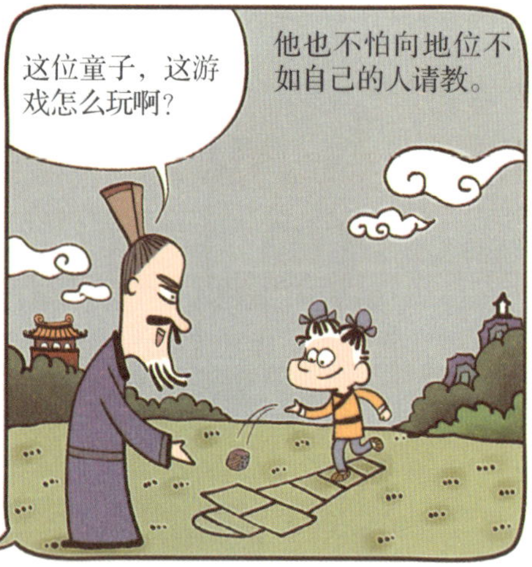

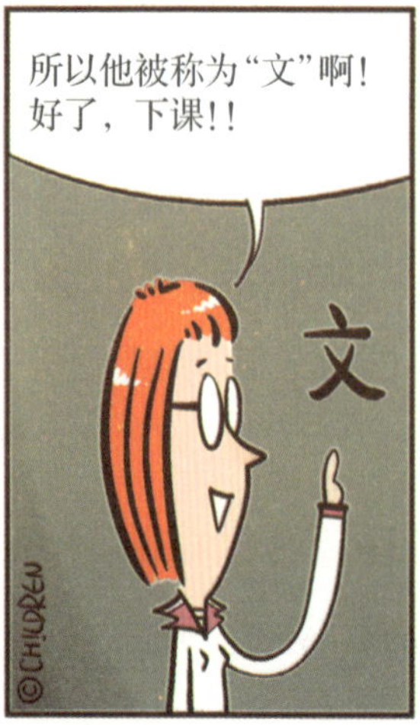

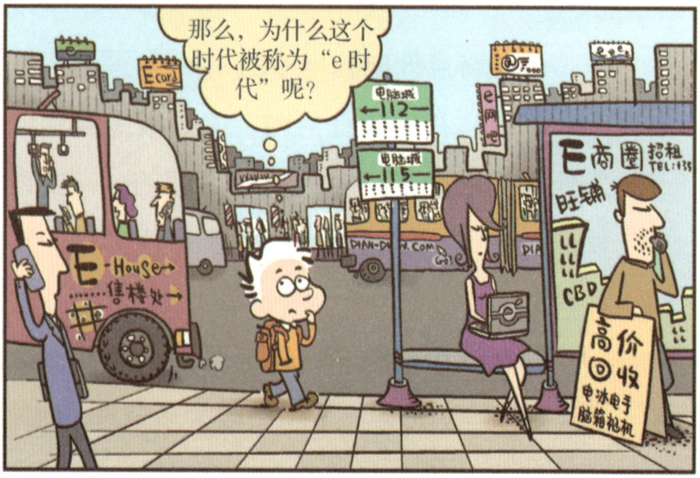

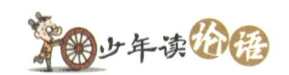

·原 文·

子贡问曰:"孔文子①何以谓之'文'也?"子曰:"敏而好学,不耻下问,是以谓之文也。"

注释

①孔文子:卫国大夫,姓孔,名圉,文是谥号。

子贡问道:"孔文子为什么会有'文'的谥号?"孔子说:"他聪明勤勉,喜爱学习,不以向比自己地位低下的人请教为耻,因此给他'文'的谥号。"

点点有日

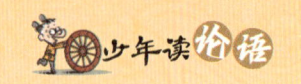

谥号的使用始于西周，是古时帝王、诸侯、文臣武将死后，朝廷据其生前事迹给予的称号，是对他们一生行为的褒贬。

《逸周书·谥法解》称"经纬天地曰文，道德博厚曰文，学勤好问曰文，慈惠爱民曰文……"，可见"文"是评价很高的谥号。《逸周书·谥法解》仔细规定了什么情况用什么谥号，绝对不能乱用。像"文、武、明、景、庄"等都是褒谥，用来赞扬死者的功德，比如汉武帝。"惠"就有点平庸的意思，如汉惠帝、晋惠帝都是没什么能力的。"哀"有点同情的意思，往往是指幼年即位而且早早去世。也有恶谥，烽火戏诸侯的周幽王就得了个"幽"字。

中国古代做皇帝、做官的是很在乎谥号的，都希望自己死后能够流芳百世，而不是遗臭万年。

子谓子产：
“有君子之道四焉：
其行己也恭，其事上也敬，
其养民也惠，其使民也义。”
今天我给大家介绍一下郑国的政治家公孙侨先生。子产是他的字。
他具有符合君子之道的四大美德：恭，敬，惠，义。
真的有这么厉害吗？
他为人处世很谦恭；
子产兄的双眼皮好帅！韩国技术吗？
讨厌！是郑国做的啦！
他侍奉国君很认真；
大王，臣斗胆说一句：您胖您先吃！
他养护百姓有恩惠；
粮食大促销！打折又返券！过了这个村，就没这个店！
他征用民工讲道理。
下面我讲一下修筑河堤的重要意义……
讲到这里，同学，你觉得子产优不优秀？杰不杰出？？伟不伟大？？？
优秀！杰出！！伟大！！！
那我们应不应该好好向他学习？
应该！
那大家回去写一篇《我心目中的君子》，字数不能少于三卷竹简。
我就猜到会是这个结局！！

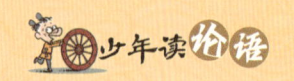

·原 文·

子谓子产①："有君子之道四焉：其行己也恭，其事上也敬，其养民也惠，其使民也义。"

注释

①子产：姓公孙，名侨，字子产，郑国大夫。

孔子评论子产说："他有四个方面符合君子的标准：自我修养很谦恭，侍奉国君很负责认真，养护百姓有恩惠，役使百姓合乎情理。"

点点有日

　　子产在郑简公和郑定公之时主持郑国国政二十一年。当时的郑国处在两大强国——晋国和楚国之间。晋国和楚国两国争霸，争战不息。郑国周旋于这两大强国之间，子产却能不低声下气，也不妄自尊大，使国家得到尊敬和安全。子产确实可以称为郑国的贤相了。

　　孔子对子产的评价也很高，在这里给予他"君子"的荣誉称号。在《论语·宪问》里他又称赞子产为"惠人"（宽厚慈惠的人）。

晏平仲善与人交，久而敬之。
晏大夫热线
小朋友，我有什么可以帮到你的吗？
啊？是大夫啊！我最近牙齿有点不舒服。
d-a- 大！这个字念“大”！大夫是我国的官职名称，和后来的宰相差不多。
失礼，失礼！
晏大夫热线
那么请躺在椅子上，放松点。和我聊聊你有什么烦恼吧！
我吗？我的烦恼就是我总是和好朋友闹别扭。
晏大夫热线
哎呀！你真是找对人了。我最擅长和人交朋友了！
而且，朋友们和我相处的时间越长，他们就越尊敬我哟。
这么厉害！有什么秘诀吗？
首先，要自己充满自信；其次，要注意尊重他人。
最后的一点小秘诀，就是要掌握说话的技巧。我刚好有一个“演讲与口才”培训班，你要不要来上啊？
别走啊，朋友！这期不会，下期免费再学！
谢谢啦！我上的“班”已经够多的啦！

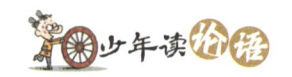

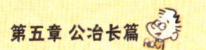

原 文

子曰："晏平仲①善与人交，久而敬之。"

注释

①晏平仲：姓晏，名婴，字仲（一说字平仲），谥号为"平"，齐国大夫。

孔子说："晏平仲善于与人交往，相识时间越久，别人越发尊敬他。"

点点有日

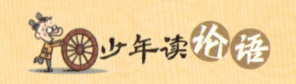

晏婴是个小个子哟，根据记载他"长不满六尺"，大概也就是120厘米高，但是他在历史上可是个大人物。

他对内主持齐国国政，多次劝谏齐君；对外出使他国不辱使命，捍卫齐国尊严。他管理国家秉公无私，从不接受礼物，而他本人生活节俭又谦虚和气。

晏婴有很多事迹记录在《晏子春秋》和《史记·管晏列传》（管仲和晏婴的合传）里。司马迁都说："假使晏子还活着，我就算为他挥鞭赶车，也是非常高兴和向往的啊！"（假令晏子而在，余虽为之执鞭，所忻慕焉。）

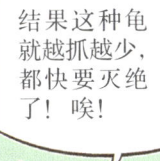

臧文仲居蔡,山节藻棁,何如其知也?

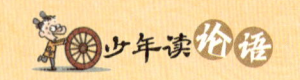

•原 文•

子曰："臧文仲居蔡①，山节藻棁②，何如其知③也？"

注释

①臧文仲：臧孙辰的谥号。春秋时期鲁国大夫。居蔡：居，作动词用，藏的意思。蔡，占卜用的大龟。蔡这个地方产龟，因此把大龟叫"蔡"。

②山节藻棁：节，柱上的斗拱。棁，房梁上的短柱。山节藻棁即指把斗拱雕成山形，在棁上绘上水草花纹。依照古礼，这是天子之庙的装饰。

③知：通"智"。孔子认为臧文仲滥用天子的装饰，不知礼，不明智。

孔子说："臧文仲为产自蔡地的大龟盖了一间房子，配有雕刻成山形的斗拱和画着水草花纹的梁上短柱，怎么能说他明智呢？"

点点有日

　　古代人迷信占卜算卦，卜卦用龟甲，他们认为龟越大越灵。卜卦也会使用到兽骨，主要是用牛的肩胛骨。占卜之后，巫师会把占卜人的姓名、占卜所问之事还有占卜结果等用文字（这些被称为"卜辞"）刻在龟甲和兽骨上——这就是"甲骨文"啦。

　　这些龟甲兽骨最早被河南安阳小屯村的村民找到，当时他们还不知道这是古代的遗物，只当作包治百病的药材"龙骨"。他们把刻着甲骨文的龟甲兽骨磨成粉末，浪费了许多极为有价值的文物。后来，清末官员、金石学家王懿荣于清光绪二十五年（1899年）买药治病时，从一味叫"龙骨"的药上发现了这些神秘的刻画痕迹。他非常好奇，经过研究发现这其实是我国的古代文字。

　　目前为止，已出土约15万片甲骨，商朝人留下无数"天人沟通"的文字。

　　但是甲骨文的识别非常困难！已发现的大约4500个甲骨文单字中，仍有近三分之二无法解读。为了解读这些跨越时空的文字，中国文字博物馆以每个字最高10万元的重金悬赏破译，可谓是现实版的"一字千金"了。现在连人工智能也加入了这支破译队伍！让我们拭目以待吧！

季文子三思而后行。子闻之曰："再，斯可矣。"

季文子先生遇事总是要反反复复思考之后才行动。

中午吃什么好呢？

孔子听说这件事以后，说——

我觉得思考两遍就可以了！

嗯，我也觉得他不够果断。

所以呢，我们遇到事情后，一方面要认真思考；

另一方面也要注意不要思考过度，变得犹豫不决。

对啊！

昨天那道数学题，我就是因为想得太多，结果做错了！

哦？

来，和妈妈讲讲你的解题思路，我们一起分析一下错在哪里。

好！

我本来想选A的，又觉得答案不会这么简单；又想选B，可是前面的几道题都选了B；选D吧，又觉得正确答案不该放在最后的位置……想来想去，结果选了C，还是错的。

你！你这是蒙题思路！

哎呀！说漏了！

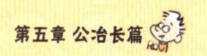

原文

季文子[①]三思而后行。子闻之曰："再，斯可矣。"

注释

①季文子：鲁国大夫，姓季孙，名行父，"文"是谥号。

译文

季文子办事，要反复考虑后才行动。

孔子听到后说："考虑两次就可以了。"

点点有曰

现在我们经常说"三思而行"，意思是做事之前认真思考，不要鲁莽行事。但是在这里，孔子其实是嫌季文子做事思前想后，优柔寡断。这就是"过犹不及"啊。

孔子也不喜欢磨磨叽叽的人！

宁武子,邦有道则知,
邦无道则愚。其知可
及也,其愚不可及也。

啊,有意思!老师竟然说宁武子"愚不可及"!

宁武子真的很愚笨吗?
心碎!

不,不,非也,非也。

宁武子在国家昌明的时候,就显得很聪明。

在国家黑暗的时候,就装得傻乎乎。

他的聪明,别人赶得上。

他装傻的功夫,就没有人能赶得上啦。

这是我的最新研究成果!

你是我的小呀小苹果!

"愚不可及"这句话传到现在,变成了成语,意思是"大笨蛋"。

啊?

来来来,给我看看你的书上都写了什么。

给您这本最新的《论语新读》。

什么?!我可不是这么说的!还有这句,我也不是这个意思!还有这句,压根儿就不是我说的!

没办法,时间过去太久了,话也会被传错的。

原 文

子曰："宁武子①，邦有道则知②，邦无道则愚。其知可及也，其愚不可及也。"

注释

①宁武子：姓宁，名俞，谥号"武"，卫国大夫。

②知：通"智"。

译文

孔子说："宁武子这个人，当国家政治清明时就聪明，当国家政治混乱时就装糊涂。他的聪明是别人可以做得到的；他的装糊涂，别人是赶不上的。"

点点有日

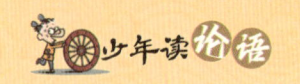

"愚不可及"本来是孔子表扬宁武子擅长装傻，现在却演变成了"愚蠢无比，笨头笨脑"的意思。

这是因为语言是活的，它会在人们不知不觉间悄悄发生变化。

成语是汉语在长期历史发展过程中逐步形成的，意蕴深厚、表达凝练的定型词组或短句。很多成语来自先秦典籍，历时久远。从古到今，很多成语的含义都发生了变化，有的甚至变得"面目全非"了。还有的成语，因为用错的人越来越多，甚至取代了原来的正确用法！

语言是活的，还表现在人们会创造新的词语，或者给旧词语赋予新的含义。很多网络用语就是这种情况。

有些热门的网络用语太新了，连我也不懂是什么意思，还得去搜索！

子在陈，曰："归与！归与！吾党之小子狂简，斐然成章，不知所以裁之。"
我买张去鲁国的硬座票。
无。
回去喽！
回家乡去喽！
©CHILDREN
"吾的老家，就住在这个党，吾是这个党里土生土长的人……"
等等！不是"党"，是"屯"！
我们古人以五百家为党，一万二千五百家为乡，合称乡党。所以"吾党"和"我们屯"是一个意思。
原来是这样！
家乡的年轻人虽然有远大志向，但是做事有点粗率简单。
《如何带给别人快乐》，嗯……
现在俗称"毛头小子"是也。
他们写文章的文采很不错，但是还不知道怎样节制自己。
写完啦！
所以我有必要回去教导他们啊。
没错！老师，我们回去办个培训班！我妈说，办培训班可赚钱了。
不，点点同学！我回去是为了传播我那些为人处世、治理国家的理念，不是为了赚钱！
嘻嘻，弟子错了！

原文

子在陈①，曰："归与！归与！吾党之小子狂简②，斐然成章③，不知所以裁之。"

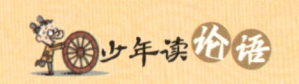

注释

①陈：国名，有今河南东部和安徽的一部分。孔子周游列国，曾困于陈、蔡之间。

②吾党：我的同乡。党是古代地方组织的名称，五百家为党。简：志向远大。

③斐然：有文采的样子。章：花纹有条理。

译文

孔子在陈国，说："回去吧！回去吧！我家乡的那些学生志向远大而行事不切实际，文采虽然很可观，但他们不知道怎样约束自己。"

点点有日

古代五百家为党，一万二千五百家为乡，合称乡党，泛指家乡。

孔子的"乡党"就是鲁国。

鲁国是周公的儿子伯禽的封国，在现在的山东鲁南、鲁中地区，所占面积不是很大。鲁国是典型的周礼的保存者和实施者，是有名的礼仪之邦，世人称"周礼尽在鲁矣"。各国诸侯想了解周礼也往往是到鲁国学习。

鲁国都城在今天的山东曲阜。曲阜的孔府、孔庙、孔林，统称曲阜"三孔"，是中国历代纪念孔子、儒客朝拜之圣地。孔府，即"衍圣公府"，是孔子后裔直系子孙的住宅。孔庙以孔子故居为庙，岁时奉祀。历代王朝不断给孔子加封谥号，使得孔庙的规模也越来越大。孔林，亦称"至圣林"，是孔子及其后裔的专用墓地，也是世界上延续时间最长的家族墓地，内有古树两万多株，是一处古老的人造园林。

子曰："伯夷、叔齐不念旧恶,怨是用希"

大哥,你饿不?

伯夷和叔齐因为不记仇,所以别人对他们的怨恨自然很少。老师,这伯夷、叔齐是谁呀?

哎?当哩个当,当哩个当,闲言碎语不要讲,表一表伯夷叔齐兄弟俩!

话说那商朝有个小国家,名字就叫孤竹国。国君他所生三个子,老大伯夷是兄长,咱放下老二暂不表,叔齐是老三能力强。

哎?山东快书?

这一天,孤竹君病重要归西,他把王子们叫身旁——

老三啊,你是为父心头肉,我死后王位你担当……

(叔齐一听把手摆)岂敢岂敢,按理说王位应该大哥坐!

(伯夷躲得也挺快)不行不行!父王他话里早就指定你!

这哥俩,王位谁都不想坐,你推我让理由广。万般无奈怎么办,干脆远走去他乡。(走了——!)

哎,半路上遇着武王要伐纣,他二人一看着了慌!

武王呀,人家是君你是臣,岂能进攻去犯上?兴兵作乱是大罪,劳民伤财犯不上!

你管得着嘛!

转眼间,武王凯旋回了朝,这哥俩气得火满腔!

发誓再不吃周朝一粒粮,上山挖野菜也比这个强!

人是铁来饭是钢,光吃菜营养跟不上。首阳山野菜全挖光,兄弟俩饿死在山冈。哎!这就是——伯夷叔齐特别犟,千秋万代美名扬!

那是!俺是山东人啊!

哈哈!老师您说得真地道!

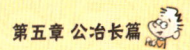

原文

子曰："伯夷、叔齐①不念旧恶，怨是用希。"

注释

①伯夷、叔齐：孤竹国国君的两个儿子。

孔子说："伯夷、叔齐这两兄弟不记旧仇，因此别人对他们的怨恨很少。"

点点有日

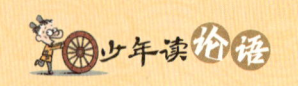

相传伯夷与叔齐是商朝末年孤竹国国君的长子和三子。伯仲叔季，古代表示兄弟排行的次序。伯是老大，仲第二，叔第三，季是最小的。

叔齐作为孤竹国三公子，被孤竹国国君立为继承人。国君死后，叔齐坚决遵循古礼，要把王位让给兄长伯夷。伯夷说："你为国君是父命，怎么可以随便改动呢？"于是便从国都逃跑了。而叔齐认为废长立幼不合礼制，也逃离了国都，后来他们二人结伴而行。孤竹国的百姓无奈之下，只好拥立二公子继承了王位。这就是"夷齐让国"的典故。

伯夷与叔齐不满商纣王的暴虐统治，听说周文王是天下闻名的仁义之君，于是他们长途跋涉前去投奔，半路上遇武王伐纣，他们认为这是"不孝不仁"，拦住车马劝阻，当然也没有起到作用。

第五章 公冶长篇

子曰："孰谓微生高直？或乞醯焉，乞诸其邻而与之。"

谁说微生高这个小伙子直率啊？我看你们都被他骗了呢！

有一次，有个人问他要"醯"，也就是如今说的醋。他不直说自己没有，竟然……

醋啊……你等一下！

竟然跑到邻居家讨来后转送给那个人。

老王！快！你们家有醋不？

哎？老师，这件事情您怎么这么清楚？

那是！

此乃我亲眼所见！

我也去问他要醋来着，他倒是回答得挺痛快。

啊，我昨天吃饺子刚好用完啦！

可是后来我看到"村花"去问他要醋，他就换了一种回答！

哼，我跟你讲，这事我和他没完！我要把这件事写到日记里！

老师，您也太小心眼了吧！

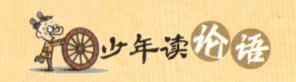

·原 文·

子曰:"孰谓微生高①直?或乞醯②焉,乞诸其邻而与之。"

注释

①微生高:姓微生,名高,鲁国人,以守信著称。

②醯:醋。

孔子说:"谁说微生高这个人直爽?有人向他讨点醋,他不说自己没有,却到邻居那里转讨一点来给人家。"

点点有日

醋，是人类饮食中最基本的酸性调味品，是不可缺少的佐料之一。

醯最早是指酸味的酱汁。在《尚书》中有这样一句话："若作和羹，尔惟盐梅。"意思是"假若是做羹汤，那必须得有盐和醋"。于是古人把梅子等酸味植物加工成梅汁、梅酱用来调味。这种梅汁、梅酱，当时称之为"醯"，在一定程度上可以说是醋的前身。

酢字最初是表示酬谢之意。后来意思慢慢转变，北魏贾思勰在《齐民要术》中就明确说："酢，今醋也。"

"苦酒"，是古人对醋的又一称谓。我国制醋的历史晚于酿酒。醋，最初的制法是用麦曲使小米饭发酵，生成酒醋，再借醋酸菌的作用继续发酵成醋酸，所以醋在古代文献中曾被称为"苦酒"。

醋字起初是回敬、报答之意。《说文解字》中解释醋的意思是"醋，客酌主人也"，即客人回报主人的意思。到后来意义逐渐转变为食醋，因为"酢"和"醋"意思相同，混用了一段时间。后来，"醋"字就专指食醋了。

老者安之，朋友信之，少者怀之。

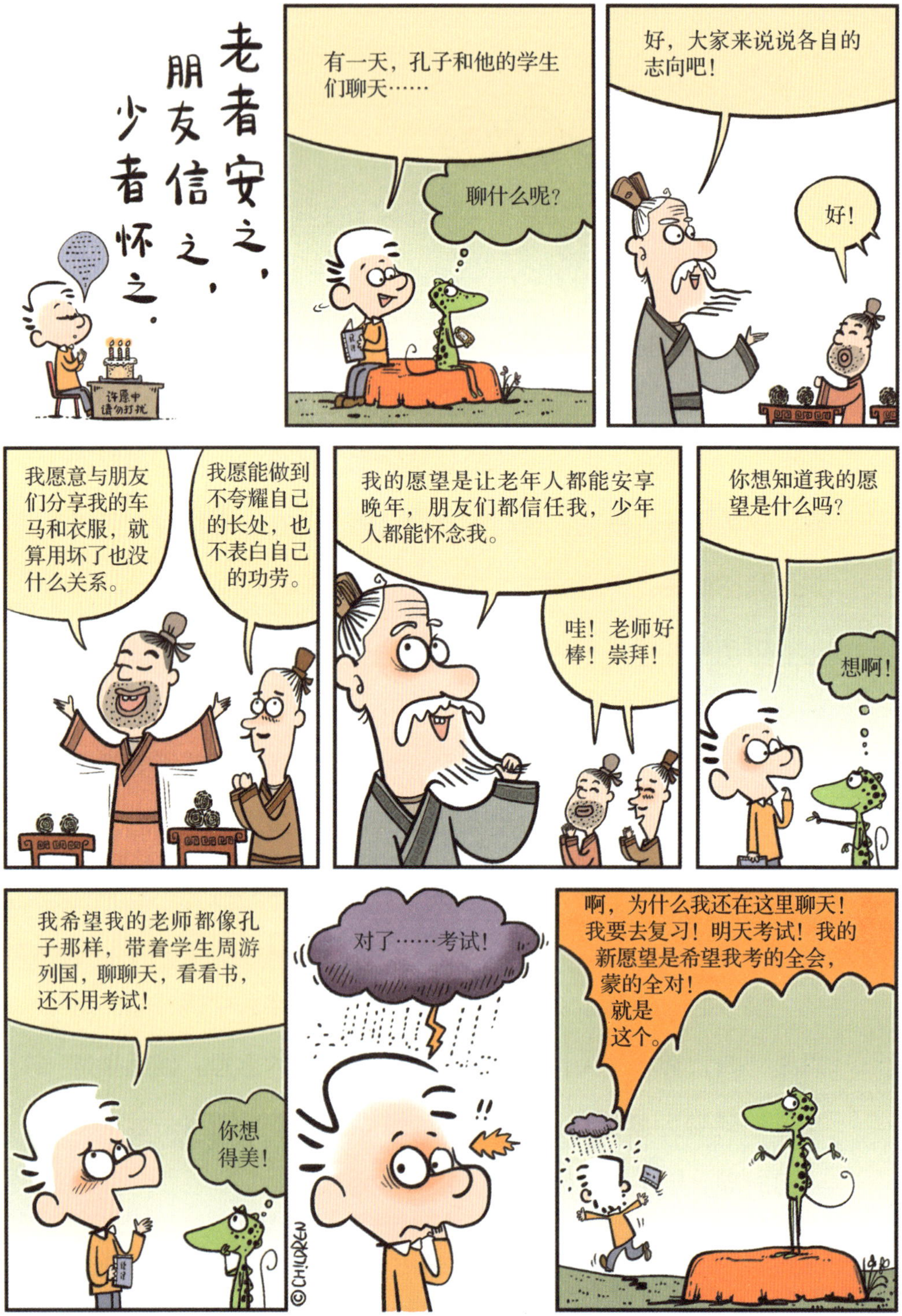

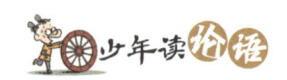

·原 文·

颜渊、季路侍①。子曰:"盍②各言尔志?"子路曰:"愿车马衣轻裘与朋友共,敝之而无憾。"颜渊曰:"愿无伐善③,无施劳。"子路曰:"愿闻子之志。"子曰:"老者安之,朋友信之,少者怀④之。"

注释

①颜渊:即颜回。季路:即子路。

②盍:何不。

③伐善:夸耀自己的长处。伐,夸耀。

④怀:想念,怀念。

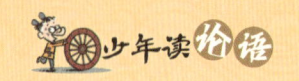

颜渊、季路站在孔子身边。孔子说："你们为什么不各自谈谈自己的志向？"子路说："我愿意把我的车马和衣服与朋友们共享，即使用坏了也不遗憾。"颜渊说："我希望不夸耀自己的长处，不宣扬自己的功劳。"子路说："我们希望听听老师的志向。"孔子说："我愿让老年人安度晚年，朋友们能信任我，少年人能够怀念我。"

点点有日

"盍"字是"何不"二字的合音字（二字之音合为一字）。

宋朝的沈括在《梦溪笔谈·艺文二》里写道："古语已有二声合为一字者，如不可为叵（pǒ），何不为盍，如是为尔，而已为耳，之乎为诸之类。"

我国现代方言中也有这种。如北京话"不用"写成"甭"（béng）。一度很流行的"台湾腔"，在网络上也制造了不少"合音字"，比如把"这样"写成"酱"，"知道"写成"造"。

可见不单是我们喜欢连读吞音，古人也是一样的啊。

子曰："已矣乎！吾未见能见其过而内自讼者也。"

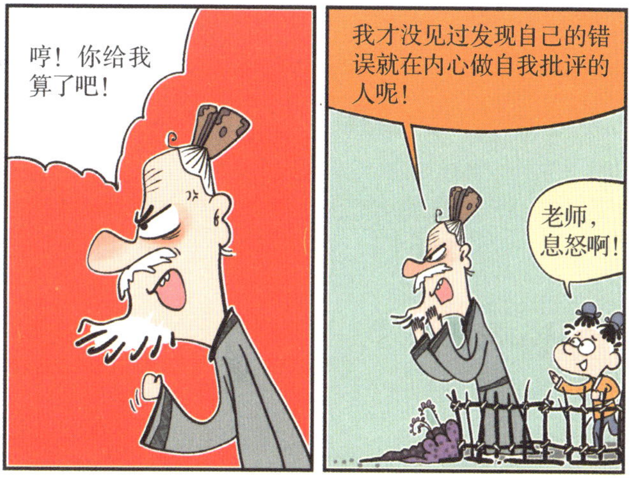

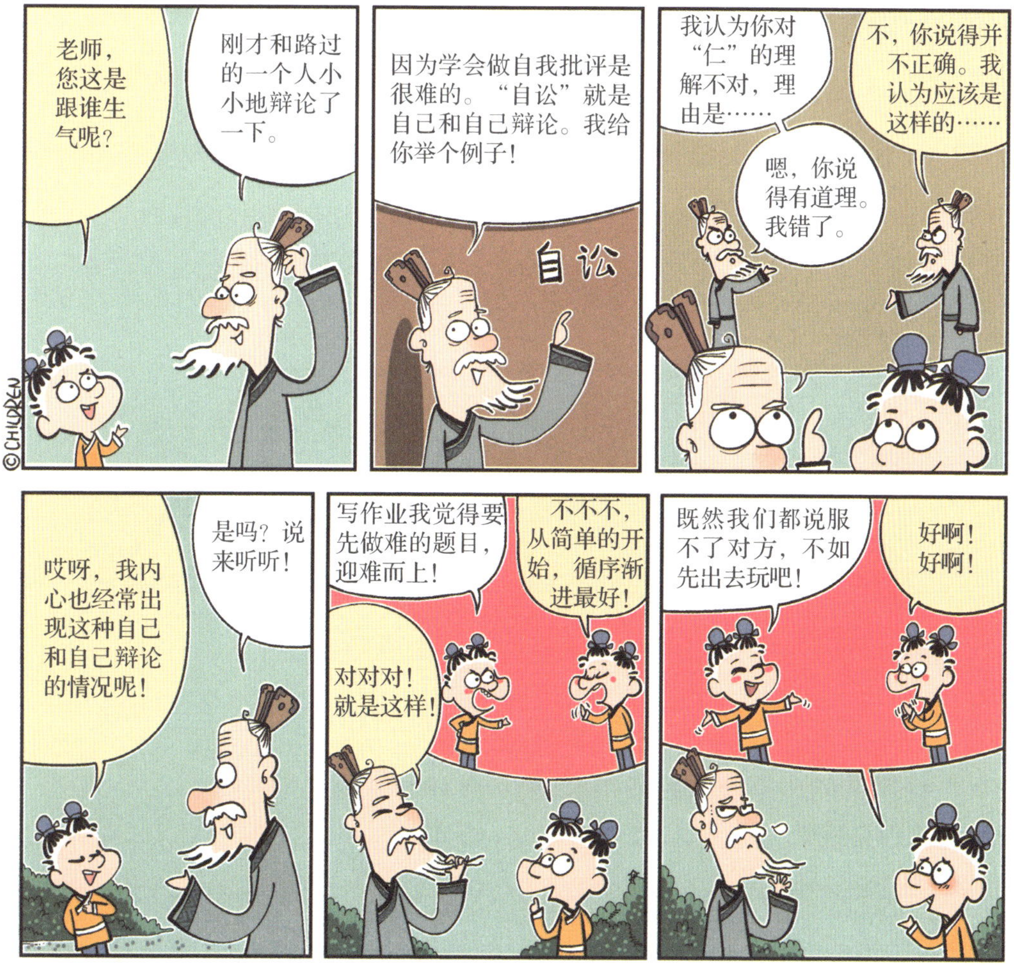

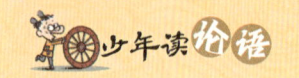

原　文

子曰："已矣乎！吾未见能见其过而内自讼者也。"

孔子说："算了吧！我从未见过看到自己有错误便自我责备的人。"

点点有日

古往今来，人们很容易看到别人的错误与缺点，却看不到自己的错误与缺点。也有人明知自己有错，因顾及面子或其他原因而拒绝承认错误，更谈不上从内心责备自己了。

房子是应该经常打扫的，不打扫就会积满灰尘；脸是应该经常洗的，不洗就会灰尘满面。

子曰："十室之邑，必有忠信如丘者焉，不如丘之好学也。"
好学奖
点点同学，上节课我们讨论了"自我批评"，你是不是觉得很难啊？
是的，老师。
虽然"自我批评"有难度，但是有一件事情，比"自我批评"还要难！
那……到底是什么！恳请老师告诉我！
就是……"自我表扬"！哎呀，真不好意思，终于说出口了。
我以为是啥大不了的事情呢！
©CHILDREN
因为我们中国人讲究含蓄，如果直接宣扬自己的优点，别人会觉得你自吹自擂，不够谦虚。
比如这样说："只有十户人家的那么一个小村子里，一定会有像我这样忠信的人，只是比不上我这么好学罢了。"
老师这样表扬自己显得好自然！
嘻嘻，其实无论是自我批评还是自我表扬，最重要的是要懂得正确评价自己。
该表扬自己的时候也不要客气！对不对？点点同学，你觉得自己有什么优点呢？
我……
我啊，我也没什么优点，就是特别关心同学。比如仲由师兄觉得您老是表扬颜回师兄，他就喜欢故意惹您生气；有若师兄长得像您，但是曾参师兄偏看他不顺眼；宰予师兄最喜欢午睡；端木赐师兄最有钱……
你太八卦了……

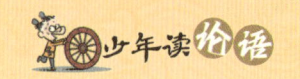

·原 文·

子曰:"十室之邑,必有忠信如丘者焉,不如丘之好学也。"

孔子说:"就是在只有十户人家的小地方,一定也有像我这样又忠心又诚信的人,只是赶不上我这样好学罢了。"

点点有日

孔子其实是没有老师的,基本上是靠自学,坚持思考和学习,因此孔子十分强调好学。孔子多次表明他的德行和才能都是学来的,并不是"生而知之"(天生就对万事万物无所不知)。孔子自己也说"三人行,必有我师焉"。他是真的非常好学!

孔子用他的行动告诉我们:学不必有师,而在有学习的习惯。只要爱学习,处处能学习。

第六章

雍也篇

子曰："雍也可使南面。"

冉雍这个人很不错，可以说是德才兼备。

我觉得他可以"脸朝南"啦！

咦？这是什么意思？古代人的脸朝什么方向也有规定吗？

是的，我们以面向南的位置为尊位。天子、诸侯和官员听政都是面向南坐。政府机构和庙宇也一般是按"坐北朝南"来建。

我国是北半球国家，朝南的房子采光好，房价都会高一些。

不错，大王我就是喜欢这个方向！来人！把朕的小板凳摆好！

老师！脸的朝向还会影响到官员讲话的效果！

哦？为什么？

听众的脸朝向太阳的情况。

下面，我再讲几点……

晒死了！眼睛都睁不开了！还不赶快说完！好想去上厕所！

官员的脸朝向太阳的情况。

我就长话短说了……

他在冒汗！太好了，快结束了！打伞也没用！他快晒蔫了！

你这么一说，我也觉得很有道理！

是啊，有一次我在操场上听报告被晒得浑身冒汗，才领悟到的。

原文

子曰："雍也可使南面①。"

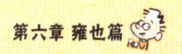

注释

①雍：冉雍，字仲弓，孔子的学生。南面：古时以坐北朝南的位置为尊，这里泛指居官位治民。

孔子说："冉雍这个人，可以让他去做一个部门或一个地方的长官。"

点点有日

站在屋内，面向屋门，你此时面对的方向，就是房屋的朝向，相对的房屋所在位置叫"坐"。坐北朝南的房子，就是房

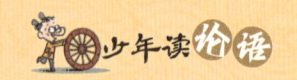

屋位于北侧，门朝南的房子。

因为中国处于北半球，房屋坐北朝南采光好，冬暖夏凉，这慢慢变成了一种优势的象征，面向南也变成了"尊位"。天子、诸侯和官员听政都是面向南而坐。同时，国家的机关和庙宇都是坐北朝南的。

古代君王处理政务，一般都是在大堂里端坐着，面朝南，叫"南面之术"；大臣前来朝见，则站立在堂下，面朝北，叫"北面事之"。当上皇帝称"南面称尊"，臣服他人叫"北面称臣"。打了败仗，不管你朝哪个方向逃跑，都叫"败北"。

第六章 雍也篇

不迁怒，不贰过。

爸爸！别老看股票啦！您知道什么是"不迁怒，不贰过"吗？

好吧，说来听听！

那是孔子表扬他的学生颜回时说的话。

不迁怒，就是心情不好的时候，不拿别人当出气筒。

不贰过，就是不重复犯同样的过错。

说得好！让我们向颜回同学学习吧！

一言为定！

那么您可就不能再因为股票下跌对我大发脾气啦！

那你平时订正过的题目，考试时绝不许再做错。

怎么样？

这个……

爸爸，您还是照老规矩来吧！颜回同学实在太难学了。

211

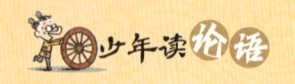

原 文

哀公问："弟子孰为好学？"孔子对曰："有颜回者好学，不迁怒①，不贰过②。不幸短命死矣③，今也则亡④，未闻好学者也。"

注释

①不迁怒：不把对此人的怒气发泄到彼人身上。

②不贰过："贰"是重复、一再的意思。这里是说不犯同样的错误。

③短命死矣：颜回死时年仅三十一岁。

④亡：通"无"。

第六章 雍也篇

鲁哀公问："你的学生中，谁最好学？"孔子回答说："有个叫颜回的最爱学习。他从不拿别人出气，也不犯同样的过错。只是他不幸短命死了。如今再也没有这样的弟子了，再也没听到好学的人了。"

点点有日

据《史记·仲尼弟子列传》记载，颜回比孔子小三十岁，而早于孔子去世，故孔子称他短命。

孔子根据鲁国的史记编写《春秋》一书。写着写着，公元前481年，也就是鲁哀公十四年，哀公打猎获得了麒麟，可惜的是，麒麟受伤不久以后就死了。麒麟是孔子心目中的"仁兽"。因为感慨麒麟虽然出现，但是世道混乱没人再愿意遵循周礼，孔子难过得辍笔不写了。紧接着公元前480年，子路战死在卫国，孔子深受打击。公元前479年，孔子也去世了。

213

君子周急不继富。

老师，我还是给了公西赤的母亲五秉小米。
太多啦！
你知道吗？公西赤在齐国，坐的是豪华马车，穿的是裘皮大衣！
咳
咱有钱！
君子应当救济有急难的穷人，而不是去增加有钱人的财富。
所以孔子更加赞赏“雪中送炭”的君子行为。
明白了！
好了，今天的卷子请大家拿回去让家长签字。
老师！请等一下！
©CHILDREN
咱们班里也有一位“穷人”需要您的紧急救助！
哦？是谁？
那……就是……我。
您看能不能再加几分给我这个分数上的“穷人”？不然，我回家可就“有难”了……

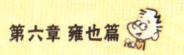

·原 文·

子华①使于齐，冉子为其母请粟②，子曰："与之釜③。"请益，曰："与之庾④。"冉子与之粟五秉⑤。子曰："赤之适齐也，乘肥马，衣轻裘。吾闻之也，君子周急不继富。"

注释

①子华：孔子的学生，姓公西，名赤，字子华，鲁国人。

②冉子：姓冉，名求，字子有，鲁国人。粟：小米。

③釜：古代量器，六斗四升为一釜。

④庾：古代量器，二斗四升为一庾。

⑤秉：古代量器，十六斛为一秉。一斛为十斗。

译文

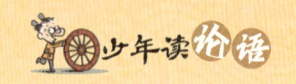

子华出使齐国，冉有替子华的母亲向孔子请求补助一些小米。孔子说："给她一釜。"冉有请求再增加一些，孔子说："再给她一庾。"冉有却给了她五秉。孔子说："公西赤到齐国去，坐着肥马驾的车，穿着又轻又暖和的皮袍。我听人说，君子应该救济有紧急需要的穷人，不应该给富人添富。"

点点有曰

孔子本来赞成给六斗四升，后来又加了二斗四升。冉有一出手却给了五秉小米。五秉就是八十斛，也就是八百斗啊！难怪孔子很生气！

孔子赞成给穷人"雪中送炭"，反对给富人"锦上添花"。

第六章 雍也篇

原思为之宰，与之粟九百，辞。子曰："毋！以与尔邻里乡党乎！"

原思同学啊，感谢你为我当管家。这里有小米九百斗，是给你的工钱，请收下吧！

啊，老师……我不能要。

哎呀！原思同学嫌老师给的工钱少，干脆不要了呢！

主要是您给的太多了……要不我还是少收一些吧！

瞧这个人！给老师干点活还收钱呢！

我仔细地又想了想，我还是不能收您的工钱。

大胆！你想让别人议论我们老师利用学生干活却从来不给工钱吗？

……老师，我思前想后，也想不明白该不该收这个工钱！

老师平时经常哭穷，想不到这次出手这么大方！准是藏了私房钱！

啊——我还会回来的……

走你！

你就别拒绝了！这是劳动所得，应该收下。如果你觉得多，可以分给你的乡里乡亲啊！

是，老师！

不过要注意，千万不要分给那些说你闲话的人！

217

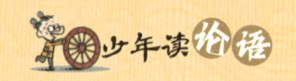

·原 文·

原思为之宰①，与之粟九百，辞。子曰："毋！以与尔邻里乡党②乎！"

注释

①原思：姓原，名宪，字子思，孔子的学生。宰：家宰，管家。

②邻里乡党：古代地方单位的名称。五家为邻，二十五家为里，五百家为党，一万二千五百家为乡。

原思做了孔子家的总管，孔子给他报酬小米九百斗，他推辞不要。孔子说："不要这样推辞！多余的就给你的邻里乡亲吧！"

点点有日

"与之粟九百"是多少呢？"九百"下面缺少单位量词。司马迁说卫灵公曾向孔子打听，孔子在鲁国挣多少工资。孔子说"奉粟六万"（《史记·孔子世家》）。前人猜测，"六万"就是六万斗。如果真是这样，这里的"粟九百"就是九百斗——比上文里冉有给子华母亲的五秉小米（八百斗）还要多！

孔子赞成按劳取酬，劳动所得就应该大大方方地收下！

据《吕氏春秋·察微》记载，鲁国有一道法律，如果鲁国人在外国见到同胞不幸沦为奴隶的，只要能够把这些人赎回来，帮助他们恢复自由，就可以到国库中领取补偿金。有一次子贡把鲁国人从外国赎回来后，却没有向国家领取补偿金。孔子告诫子贡说："子贡你这样做就错了！向国家领取补偿金，对你的高风亮节没有任何损失；但不领取补偿金，鲁国就没有人再去赎回自己遇难的同胞了。"

为什么呢？孔子认为这以后，人们再赎回奴隶，若领取补偿金，就可能受到国民的嘲笑，被当作贪财之人；若不领取补偿金，虽然会得到称赞，却会白白损失金钱。这么一来，救了奴隶后，要么被人嘲笑，要么自己蒙受损失。长此以往，大家恐怕都会故意对受苦的奴隶视而不见，谁还愿意再去救人呢？

后来，子路救起一个落水者。那人为了感谢他，送了他一头牛，子路就高高兴兴地收下了。孔子说："这下鲁国人一定会勇于救落水者的。"

孔子对于人性真是看得非常透彻啊。

子谓仲弓曰："犁牛之子骍且角,虽欲勿用,山川其舍诸?"

仲弓同学！！

在！

请听题：一头平常用来犁地耕田的老牛,生了一头非常漂亮的小牛。小牛毛色红亮,两角周正。这样的牛可以拿到庙里当祭品吗?

这……

恐……恐怕是不行的。根据《皇家祭祀条例》的规定,祭祀山川之神的牛,应该符合如下条件——

它应该出生在皇室牛棚里,吃名牌草,喝矿泉水,早睡早起,坚持锻炼,没有不良嗜好,身体健康,相貌端正,并通过国家祭牛考试……这样的牛,才有资格。

停!

师兄,想不到你不但会养牛,而且更会吹牛。

没有那么复杂。只要牛体健貌端,山川之神是不会嫌弃的!

正如你,仲弓同学。你虽然不是什么贵族出身,可是你品德高尚,又有才华,将来一定会大有作为的!

多谢老师……

原来不是说牛的事啊!

不,也和牛有关!刚好我参加完祭神,分到了一大块牛肉!大家一起来吃吧!下课!

太棒了!

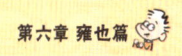

·原 文·

子谓仲弓曰①："犁牛之子骍且角②，虽欲勿用，山川其舍诸③？"

注释

①子谓仲弓曰：孔子对仲弓说。

②犁牛：耕牛。骍且角：毛色为红，角长得端正。周朝以赤色为贵，所以祭祀的时候要用赤色的牲畜。孔子从选择牛犊做祭品为比喻，告诉仲弓：选用人才不以出身贵贱为标准，而应该重视实际才能。

③诸："之乎"两字的和音字。

孔子对仲弓说："耕牛生的小牛犊长着红色的毛皮，两角周正，虽然不想用来当祭品，山川之神难道会舍弃它吗？"

点点有日

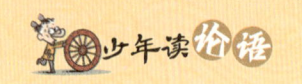

据《周礼》记述，周代设"牛人"一职，专门负责照料国家的牛："掌养国之公牛。"为了供养这些牛，国家还专门划拨出田地，称"牛田"。在犁耕出现之前，人们养牛主要还是用于交通、祭祀、肉食和殉葬。

根据文献记述和考古发现证实，大约在西周晚期出现了铁犁，人们开始用牛拉犁耕田。

牛是如此重要，起名字的时候也得用上。《论语》记述，孔子有两个弟子：一个叫冉耕，字伯牛；一个叫司马耕，字子牛。

牛作为农耕之本，为"六畜"（牛、马、羊、猪、鸡、狗）之一。在古代，牛受法律保护，历代王朝多有禁止杀牛的政令。《汉律》载："不得屠杀少齿。"《唐律疏议》载："官私马牛，为用处重，牛为耕稼之本，马即致远供军，故杀者徒一年半。"也就是说，汉代不准杀少壮之牛；唐代杀牛要服一年半劳役。

子曰："回也，其心三月不违仁，其余则日月至焉而已矣。"
凭什么又是你得流动红旗?!
仁
今天我要表扬颜回同学！他啊，可以坚持很长的时间都不违背仁德。
不像某些同学！具体我就不点名了！
最多只能坚持十天半个月！
好了，下面大家自习吧！
颜回师兄！
哎?
你到底施了什么魔法？怎么老师觉得你样样都好？说你什么"贤哉回也"，什么"回也不愚"，为什么?
没有啊。
有消息说你借陪老师锻炼的名义接近老师！
锻炼？我最近没有锻炼啊！
"颜回说，我的老师走得慢，我也走得慢；老师走得快，我也走得快；老师跑起来，我也跑……"这就是庄子采访你之后写的报道，你还不承认?
"亦步亦趋"？这是个比喻，意思是我紧跟着老师的教导……
再说庄子经常出现幻觉的，上次他还说自己是蝴蝶。你别太相信他写的东西啊！
哼，我就是受不了老师老是表扬你！
©CHILDREN

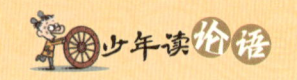

原文

子曰:"回也,其心三月不违仁,其余则日月至焉而已矣。"

孔子说:"颜回啊,他的心中长久地不离开仁德。其余的学生,只不过短时期偶然想起一下罢了。"

点点有日

孔子为什么会这么说呢?

《吕氏春秋·任数》记载:孔子在陈国和蔡国之间的地方断粮受困,饭菜全无,七天没吃上米饭。白天孔子正躺着挨饿,颜回讨回了些米来烧火煮饭。饭快熟的时候,孔子看见颜回用手抓锅里的饭吃。不久饭熟了,颜回请孔子吃饭。孔子假装没看见刚才的事情,起身说:"刚刚梦见我的先人,

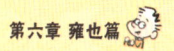

我自己先吃干净的饭，然后才给他们吃。"颜回马上明白老师是误会自己了，答道："不是这样的。刚刚炭灰飘进锅里，弄脏了米饭，丢掉太可惜了，我就抓起来吃了。"孔子叹息道："按说我们应该相信看见的，但是并不一定都可信；应该相信自己的心，自己的心也不可信。你们记住，要了解一个人不容易啊。"经过这次事件，孔子认识到要了解一个人很难，但颜回是一个真正把"仁德"放在心中的人。

季氏使闵子骞为费宰。闵子骞曰："善为我辞焉。如有复我者，则吾必在汶上矣。"

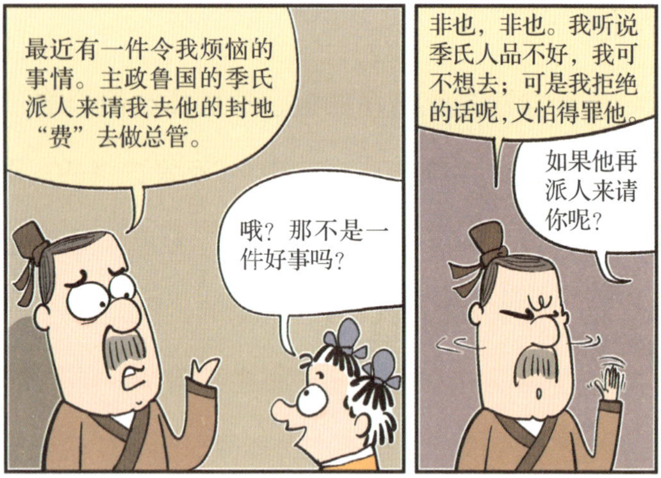

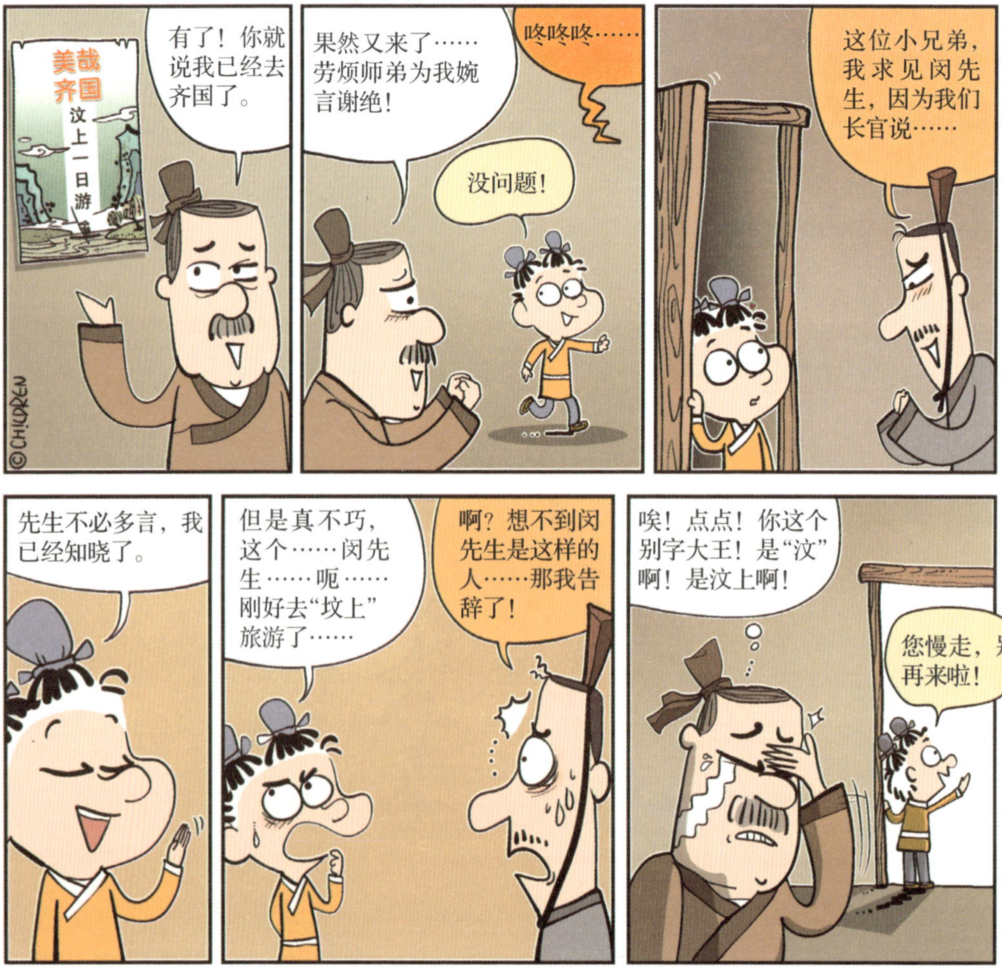

原文

季氏使闵子骞为费宰①。闵子骞曰:"善为我辞焉。如有复我者,则吾必在汶上矣②。"

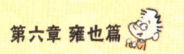

注释

①闵子骞:孔子的学生,姓闵,名损,字子骞。费,季氏的封地,在今山东鱼台西南费亭。古代国君会封赐一块土地和城镇给卿大夫,也叫"采邑""采地""封邑""食邑"。

②汶:汶水,即今山东大汶河。汶上,汶水的北岸,暗指齐国。

译文

季氏派人通知闵子骞,让他当自己封地费城的长官。闵子骞告诉来人说:"好好地为我推辞掉吧!如果再有人为这事来找我,那我一定逃到汶水那边去了。"

点点有曰

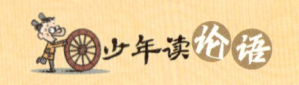

《史记·仲尼弟子列传》记载："（闵子骞）不仕大夫，不食污君之禄。"说明他有不给大夫当家臣的志向，也不愿拿有辱君上的俸禄。因为费地是季氏的私人封地，并非鲁国国君管辖。所以，闵子骞即使出任费宰，也不是真正的"国家公务员"，而是季氏的家臣。而他更想为国效力，并对季氏僭越君臣之礼、飞扬跋扈、大权独揽、打击异己的做法表示鄙视。注重德行的闵子骞不愿去为季氏效劳。

第六章 雍也篇

贤哉回也!
一箪食,一瓢饮,在陋巷,
人不堪其忧,
回也不改其乐。
贤哉,回也!

颜回是孔子最喜欢的学生。有一次,孔子感叹说:"颜回真是个贤良的人啊!"

用一个竹筐吃饭……

用一只瓢喝水……

住在简陋的小巷里……

别人都不能忍受这种穷苦,可颜回却自得其乐,仍然坚持自己的理想。

"希望小学,颜回收?"

原 文

子曰："贤哉回也！一箪①食，一瓢饮，在陋巷，人不堪其忧，回也不改其乐。贤哉，回也！"

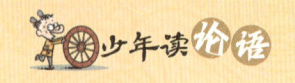

注释

①箪：古代盛饭的竹器。

译文

孔子说："真是贤德啊，颜回这个人！用一个竹筐盛饭，用一只瓢喝水，住在简陋的巷子里。别人都忍受不了那穷困的忧愁，颜回却不改变他自得之乐。真是贤德啊，颜回这个人！"

点点有曰

这句话反映了孔子安贫乐道的思想，同时也是对颜回的极大赞美。安贫乐道就是安于贫困恶劣的环境，以追求圣贤之道为乐。颜回完全符合这个标准。

老师一高兴，把"贤哉，回也！"说了两遍，想必颜回同学听了心里一定美滋滋吧！

冉求曰："非不说子之道，力不足也。"子曰："力不足者，中道而废，今女画。"
冉求是孔子的一个学生，也是鲁国人。他比孔子小二十九岁。有一天，他对孔子说——
老师啊！
不是俺不喜欢您的学说，实在是俺能力不够。这条学习之路俺实在走不动啦。
也有一些同学对我说过类似的话哟！你知道孔子怎么回答他的吗？
一个能力不足的人，走到半道就会走不动了。但是，冉求同学……
你是自己给自己划定了界限，故意不向前走啊！
©CHILDREN
点点，你来总结一下，这个故事告诉我们什么道理？
我？
嗯……告诉我们：再好的老师也会遇到不爱学习的学生？
是的……不对！是"我们遇到困难不要退缩，要是自己有畏难心理，先打了退堂鼓，是不会成功的"。明白了吗？
明白了！老师！

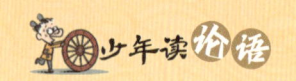

· 原 文 ·

冉求曰："非不说①子之道，力不足也。"

子曰："力不足者，中道而废，今女画②。"

注释

①说：通"悦"。

②女：通"汝"，你。画：停止。

冉求说："我不是不喜欢老师的学说，是我力量不够。"孔子说："如果真的力量不够，会半途而废。如今你却画地为牢，不肯前进。"

点点有日

冉求刚想打退堂鼓，孔子马上给予激励：不要给自己的人生设限，要有勇气去追求那些高远的目标。哪怕"中道而废"，也比原地踏步好。

换句话说，只问耕耘，不问收获。事实上努力了总会有所收获。相反，还没有开始做就产生畏难情绪，结果就什么也得不到。

有澹台灭明者，行不由径，非公事，未尝至于偃之室也。

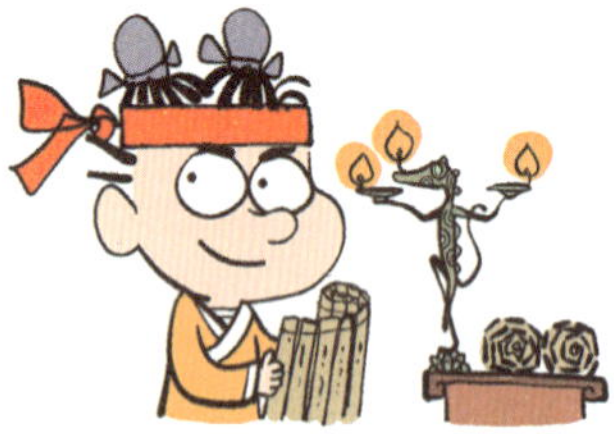

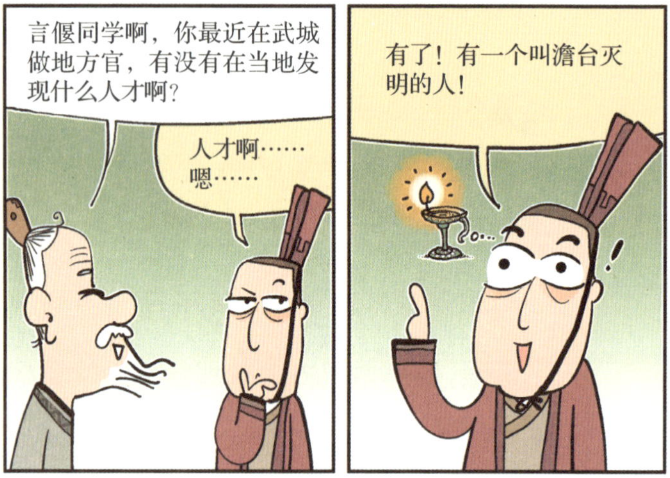

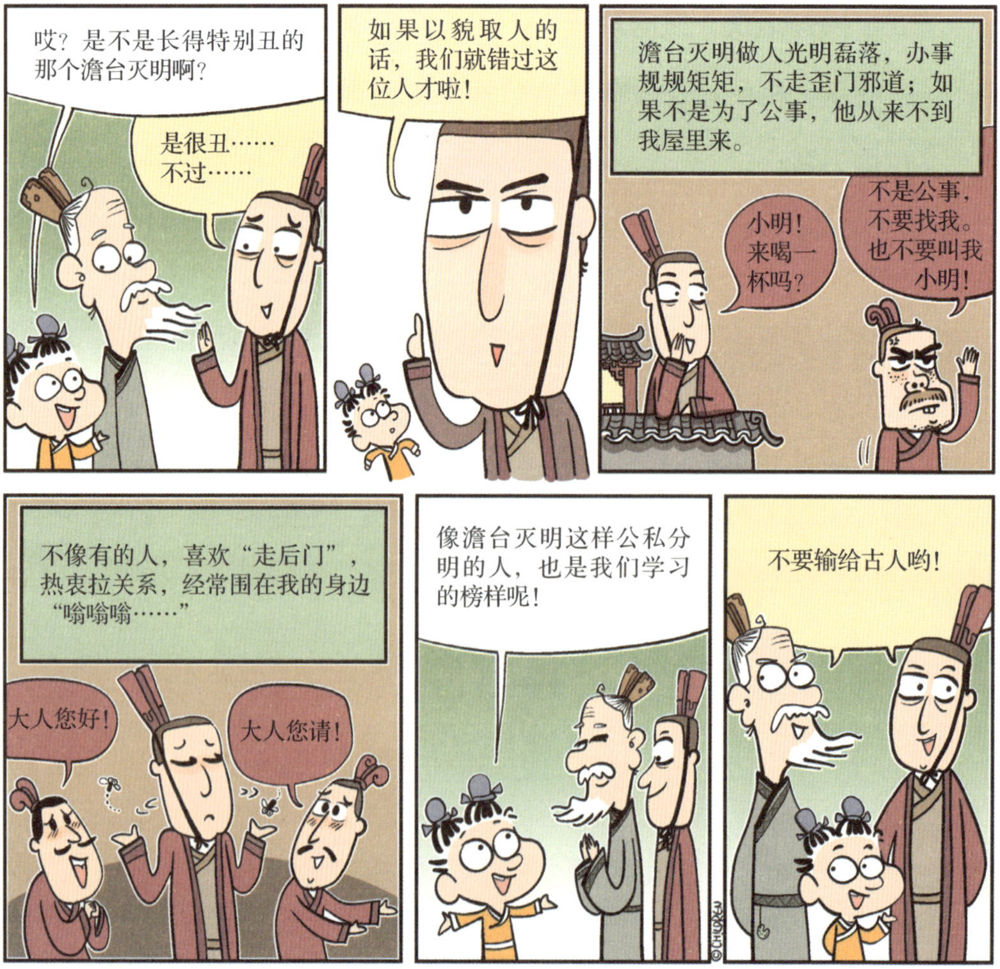

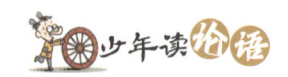

原 文

子游为武城①宰。子曰:"女得人焉尔乎?"曰:"有澹台灭明②者,行不由径,非公事,未尝至于偃③之室也。"

注释

①武城:鲁国的城邑,在今山东平邑南故县城。

②澹台灭明:人名,姓澹台,名灭明,字子羽。后来也为孔子的学生。

③偃:即子游。

译文

子游担任武城地方的长官。孔子说:"你在那里得到什么优秀人才了吗?"子游回答说:"有个名叫澹台灭明的人,行路时不抄小道,不是公事,从不到我屋里来。"

点点有日

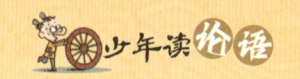

官员之间不走后门，不拉关系，不请客吃饭联络感情，这不也是我们今天大力提倡的吗？

司马迁在《史记·仲尼弟子列传》中也写到了澹台灭明。澹台灭明的相貌很丑陋，想要去拜孔子为师，孔子看到他的相貌认为他资质低下。澹台灭明师从孔子学习以后，致力于修身实践，处事光明正大。他往南游历到长江，追随他的学生有三百人，声誉传遍了诸侯各国。孔子因此感慨地说："以貌取人，失之子羽。"（我单从相貌上判断人，对子羽的判断就错了。）

第六章 雍也篇

孟之反不伐,奔而殿,将入门,策其马曰:"非敢后也,马不进也。"

孟之反是鲁国的大夫。他这个人很谦逊,不喜欢夸耀自己。
哎呀,又来夸我了!

有一次,鲁国军队打了败仗,士兵们四散奔逃。
哎呀!
兄弟们快逃!

孟之反走在最后负责掩护军队撤退。
我先撤,你掩护!
得令!

大家不要惊慌!请大家沉着冷静、有序撤退!各位只要按照我们平时的消防演习来做就可以了!撤退到我们自己的城池里就安全了!

即将进入城门的时候,孟之反一边鞭打着马,一边说——
大人快些!

不是我特别勇敢才走在最后,是我的马儿不肯快跑!
啊,差点回不来了!

我觉得孟之反也是一个特别幽默的人。
是啊,是啊。

237

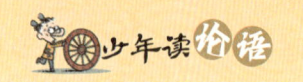

·原 文·

子曰:"孟之反不伐①,奔而殿②,将入门,策③其马曰:'非敢后也,马不进也。'"

注释

①孟之反:又名孟之侧,鲁国大夫。伐:自我夸耀。

②殿:殿后,行军时走在最后。

③策:鞭打。

孔子说:"孟之反不喜欢自夸,打仗败了,他走在最后(掩护撤退)。快进城门时,他一面用鞭子抽打着马,一面说道:'不是我敢于殿后,是我的马不肯快跑啊!'"

点点有日

古代考核政绩或军功，下等的称为"殿"，上等的称为"最"。因此文言文中"殿最"一词就是指等级的高低。殿军，原指军队行军走在最后面的部队。现代汉语中，指考试或竞赛中的最末一名，也指竞赛后入选的最末一名。

谁能出不由户？何莫由斯道也？

周游列国走了许多路，

依然前行，因为我境界更高。

谁能出屋不经过门？为何他们不依正道？

岁月在我身边笑着逃！

逝者如斯夫！

仁爱之心美好，我愿永远莫停步。心中信念不变，一路传道一路歌。

后人评价如何，我亦不需要剧透。

仁义道德和谐是我的歌谱……

我并不是圣人，我只是，爱，认，真。

老师今天歌神附体了……

原 文

子曰:"谁能出不由户?何莫由斯道也?"

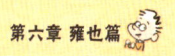

孔子说:"谁能走出屋子而不经过房门呢?为什么没有人遵循我提倡的仁道呢?"

点点有曰

孔子用门户来比喻,说明自己提倡的仁道和门户一样,是治理国家的必由之路。

他所宣扬的"德治""礼制",在当时有许多人不予重视,他内心感到很不理解。所以,他发出了这样的疑问。孔子一生去各个诸侯国献计献策,然而他所持的"仁道"很少被当时的国君采纳,他周游列国却处处碰壁,所以不由得发出了大道不行于天下的感慨。

不理解归不理解,孔子也没有放弃。他投身到教书育人的事业中,希望更多的人接受自己的理念。

质胜文则野,
文胜质则史。
文质彬彬,
然后君子。

质,是指一个人的内在本质,朴实无华。

冥想
我是谁?
我从哪里来?
要到哪里去?

文,是指一个人的外在修饰,赏心悦目。

韦编三绝

太过质朴而缺少文采,就会显得粗野。

你瞅啥?俺是性情中人,少废话!

文饰过度盖过了本质,就会显得华而不实。

君子动口不动手!武功秘籍了解一下!

只有文和质配合恰当,才是君子应当具有的文雅风度啊!

原来这就是"文质彬彬"的出处啊!

如今"文质彬彬"的含义已经发生了变化,只强调"文",与"武"相对。

一般是形容青年男子长相举止温文尔雅,具有书生气。

这都变成什么啦!真是"话越传越不着调"!

老师请息怒。正因为汉语是活的语言,所以才会不断变化啊!

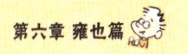

原文

子曰:"质胜文则野,文胜质则史①。文质彬彬②,然后君子。"

注释

①质:质朴。文:文华,辞采。对人来说,固有的品质为质,礼乐的修养为文。史:虚浮不实。

②文质彬彬:文与质配合适当。

译文

孔子说:"质朴多于文采难免显得粗野,文采超过质朴又难免流于虚浮,文采和质朴搭配得当,这才能成为君子。"

点点有曰

文质彬彬在这里是形容人既文雅又朴实,后来变成形容人举止文雅有礼貌。

这句话还演化出一个成语——彬彬有礼,形容文雅有礼貌的样子。

总之,《论语》是成语大户。

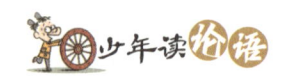

人之生也直，罔之生也幸而免。

一个人生存于世应该正直。做人要正直守信，才能立足于社会。

正直 坦率 正派 直

有的人靠歪门邪道也能生存，甚至还会很"成功"。

那只是他靠一时侥幸避免了灾祸。

但是——

时间一长他肯定会露出马脚，被人识破的！

点点？你为什么脸色这么难看？

上次考试，我的选择题全是瞎蒙的，可没想到全都对了，后来还得了"进步最快"的奖状……现在我的心情很复杂……

学习知识要踏踏实实，可不能糊弄自己啊。奖状我先收回了，希望你下次靠自己的本事赢回去！

是！

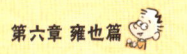

原 文

子曰："人之生也直，罔①之生也幸而免。"

注释

①罔：欺骗。

孔子说："人凭着正直生存在世上；不正直的人也能生存，那是靠侥幸避免了祸害。"

点点有日

孔子认为，人生在世最重要的就是正直诚信、光明磊落。正直的人多行正义之事，所以很少会惹祸上身。不正直之人因私心重，谎言多，很容易招来灾祸。虽然也可能获得金钱和地位，甚至得以善终，孔子认为这只是他们侥幸地避免了灾祸，并不值得效仿。

正直的人流芳百世，不正直的人遗臭万年，这就是直与罔的最终结局吧。

知之者不如好之者，好之者不如乐之者。

孔子曾经说过，知道它不如喜爱它，
hǎo 好 喜欢、喜爱好

喜爱它呢，又不如从心里以它为乐。
lè 乐 乐在其中 乐此不疲

老师，这个"它"是什么呢？

问得好！我觉得"它"是指学问和知识。

孔子就是把学习当成乐趣，所以最后才成为一个伟大的思想家的。

兴趣是最好的老师！

这个"它"也可以指别的东西，比如音乐、绘画、写作、收藏……每个人的爱好都不同啊。

只有内心深处把"它"当成乐趣来追求的人，才能成为那个领域最"牛"的人哟！

怪不得我妈妈的"唠叨神功"那么厉害！她就是把唠叨当成最大乐趣的人啊！！

原来如此！！

啪！

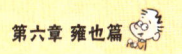

原 文

子曰："知之者不如好之者，好之者不如乐之者。"

译文

孔子说："（对于任何学问和事业，）懂得它的人，不如喜爱它的人；喜爱它的人，又不如以它为乐的人。"

点点有曰

知之、好之、乐之是学习的三个层次，这段话强调了爱好和兴趣在人们学习中至关重要的作用。所以说，兴趣是最好的老师。

"兴趣是最好的老师"，就是说一个人一旦对某件事有了浓厚的兴趣，就会主动去求知、去探索、去实践，并在这个过程中产生极其愉快的情绪和体验。

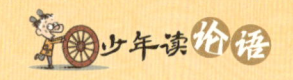

顺便提一句，孔子这句话使用了"顶真"的修辞手法，它是用前一句的结尾做后一句的开头，使邻接的两个句子上递下接、首尾蝉联。

下面一副戏台联堪称顶真联中的佳品：

看我非我，我看我，我也非我；

装谁像谁，谁装谁，谁就像谁。

这副对联风趣地描述了戏剧演员在舞台上忘掉自我、融入角色的精彩表演。

敬鬼神而远之。
我们古代人是很相信鬼神的。
老师，您也相信鬼神吗？
我——
©CHILDREN
你知道的，我作为朝廷官员，也是经常参加祭拜鬼神的活动的。鬼啊神啊的那些，我其实也不是很清楚。
祭
我觉得重点是通过这些活动让人们遵守道德，而不是利用鬼神吓唬、迷惑人们。
你是电，你是光！你是唯一的神……！
大祭司今天这是……
所以对鬼神，我表面上恭恭敬敬的，内心并不想亲近。
告诉你一个小秘密，我其实最喜欢祭祀活动的音乐和仪式感。
注意啦！注意啦！
嘻嘻……
参加祭拜的官员可以来分肉啦！
哎！我来了！我来了！

仁者先难而后获，可谓仁矣。

有仁德的人，做事都有个先后。

先后

先和后，有那么重要吗？

当然啦！

只有付出劳动在前，

才有取得收获在后。

只有先耕耘，才谈得上收获！不劳而获的事情我可做不到。

再来一碗！

先苦后甜，孔子认为这才符合他心目中的"仁"。

原来是这个意思！看来我一直都误会了！

要是爸爸妈妈让我做什么事情，我就假装那件事很难办，然后就可以获得额外的好处。

要不是上了这堂课，我一直以为我是一个"仁德"的人呢！

狡猾的小孩！

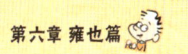

原 文

樊迟[1]问知,子曰:"务民之义,敬鬼神而远[2]之,可谓知矣。"问仁,曰:"仁者先难而后获,可谓仁矣。"

注释

①樊迟:孔子的学生,姓樊,一名须,字子迟。
②远:疏远,避开。

译文

樊迟问怎么样才算聪明,孔子说:"全力使人民走上符合'义'的道路,敬奉鬼神,但要疏远它们,这样可以称得上聪明了。"樊迟又问怎么样才算是有仁德,孔子说:"有仁德的人先付出艰苦的努力,然后得到收获,这样可以说是有仁德了。"

点点有日

这里有一个成语,就是"敬而远之",表示尊敬却有所顾虑,不愿接近。

孔子对宗教的态度是"敬鬼神而远之",这种态度也对中国文化产生了深远的影响。

知者乐水，
仁者乐山。
知者动，
仁者静。
知者乐，
仁者寿。
知者，就是智者，通晓事理、思想活跃的人。
给大家介绍两位重要人物……
IQ
仁者，就是仁厚的人，仁慈宽容、与人为善的人。
仁
不知道他们会喜欢什么呢？
智者性情好动，像水那样富于变化。
"东方威尼斯"，水景豪宅您一定喜欢！
仁者性情和缓，像山那样稳重可靠。
那么……"隐居终南山"，乡间别墅您了解一下？
智者喜欢活动，追求丰富多彩的生活。
地处城市街区，坐拥城市繁华。临街旺铺来一个？
仁者喜欢安静，享受默默思考的快乐。
远离喧嚣，尽享静谧人生。私家花园也很好！
智者喜欢探究万物，自得其乐。
我知道了！智慧人生的归宿！您需要商住两用，投资自住兼顾！
仁者内心祥和平静，更加长寿。
明白了！养老养生好去处！医院超市菜市场全配套！
100
哎呀，你是哪里穿越来的小孩啊？你说的那些我们一个也不喜欢，内心的仁和智才是我们的追求。
不好意思……我是从现代社会来的……我每天都会看到这些广告，不由自主就受到影响了。

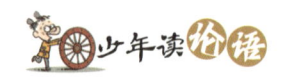

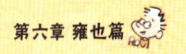

· 原 文 ·

子曰："知者乐①水，仁者乐山。知者动，仁者静。知者乐，仁者寿。"

注释

①乐：爱好，喜爱。

译文

孔子说："聪明的人喜爱水，仁德的人喜爱山。聪明的人爱好活动，仁德的人爱好沉静。聪明的人活得快乐，仁德的人长寿。"

点点有曰

《列子·汤问》讲过一个故事：伯牙善鼓琴，钟子期善听。伯牙鼓琴，志在高山，钟子期曰："善哉，峨峨兮若泰山。"志在流水，钟子期曰："善哉，洋洋兮若江河。"高山流水，象征君子之风。

自然山水对我们中国人来说，充满了精神意义啊。

齐一变，至于鲁；
鲁一变，至于道。

变。变化。改变。变革。诸位……

是时候做出改变了！不要害怕改变！

齐国只要再改进一点，就达到鲁国的境界了！

而鲁国再改进一点，就达到"道"的境界了！

点点同学，你觉得我这篇演讲能不能说服国君？

还不错啦……可是什么是"道"呢？应该朝哪个方向"变"呢？

当然是朝着我最喜欢的周朝来变啦！周王定下的制度，就是最美的"先王之道"啊！

这……

齐国因为发展工商业，国力日渐雄厚；而鲁国坚持周朝的旧制度，这些年来没有啥进步，国家都变得越来越弱小啦。

虽然是这样……我还是喜欢周朝！礼教、音乐、制度……周朝样样好！唉……我要是生活在周朝就好了！

先生真是周朝的"铁粉"啊！

原文

子曰："齐一变，至于鲁；鲁一变，至于道。"

译文

孔子说："齐国（的政治）一有改革，便可以达到鲁国的这个样子；鲁国（的政治）一有改革，就可以达到合乎大道的境界了。"

点点有曰

《左传·昭公二年》中记载，韩宣子说："周礼尽在鲁矣。"可见春秋时期鲁国是保存周礼和周代文化最多的国家。但是齐国推行制度改革，国力比鲁国强盛。孔子的改革路线图是希望大家都回到周朝的制度。

鲁国和齐国都是西周分封的国家，鲁是周公之后，齐是姜太公之后。这两个国家都在如今山东一带，所以山东才被称为"齐鲁大地"！

子曰："觚不觚，觚哉！觚哉！"

咕

gu？老师说什么呢？
咋有点不明白呢？
?
咕？

是觚啊！觚是周朝的酒器。如今的觚，样子已经变啦。所以老师说："觚不像个觚，这是觚吗？这还是觚吗？"
觚
不对！是孤啊！老师的学问那些大王都不肯学习，所以老师自问自答说："我孤独吗？孤独啊！孤独啊！"
孤
错！是沽！老师才不会唉声叹气的。老师的学问是很宝贵的！他在说，我要不要卖个好价钱啊？要卖啊！要卖啊！沽就是卖。
沽
各位师兄，你们看看时辰，都到午饭时间啦！老师一定是肚子饿了，在想吃什么。"吃不吃蘑菇？吃蘑菇！吃蘑菇吧！"
菇

这可如何是好？
按老规矩办！
手心手背
承让，承让！我赢了，那么就写"觚"这个字吧！
点点贤弟，今天你是值日生，轮到你记录老师的话了。
好嘞！
因为年代实在久远，《论语》里有一些句子，意思难以明确，有着各种不同的解释。不过……肯定不是我说的"蘑菇"啦。

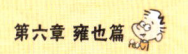

•原　文•

子曰：“觚不觚，觚哉！觚哉！”

孔子说：“觚不像个觚，这还叫觚吗？这还叫觚吗？”

点点有曰

觚是古代盛酒的器具，喇叭口，细腰，高圈足，腹部和足部都装饰有四条棱，容量为当时的二升。

有人觉得孔子是在慨叹觚的形状发生了变化。孔子拿着觚很不高兴地说道：“这都成啥样子了！这还叫觚吗？这还叫觚吗？”

还有人觉得这个可能是“谐音梗”。孔子用“觚”借了“沽”字，是待价而沽的意思。孔子是说，我要不要把自己卖个好价钱呢？答案是：要啊！要啊！

或者还有一种可能是“觚”借了“孤”字，孔子在自问自答：“我孤独吗？我孤独啊！孤独啊！”

你觉得是哪一种呢？

井有仁焉

老师！我有一个问题，不知道该不该问……

问吧！宰予同学。

您一直教导我们，要"追随仁者"。假设啊，如果有一个仁者掉进井里，我们是不是也应该追随他，跟着跳进去？

我来啦！

快来人啊！

糊涂！我们干吗要这么做呢？动动脑子……

遇到这种情况，当然是应该先丢给他一个救生圈，然后再往井里拼命灌水……他不就浮起来了吗？

灌水……你和谁学的，怎么这么喜欢灌水？

就是！

呀！

君子可以让他去井边察看救人，但是他不会陷入井中。

君子虽然也会被骗，但是并不愚蠢。骗他做不符合情理的事情，他是不会上当的。

开动脑筋！

不受迷惑！

没能难倒老师啊！

还有什么怪问题，都放马过来！

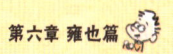

原 文

宰我问曰:"仁者,虽告之曰:'井有仁焉',其从之也?"子曰:"何为其然也?君子可逝①也,不可陷也;可欺也,不可罔②也。"

注释

①逝:往,离开。

②罔:诬罔,愚弄。

译文

宰我问道:"一个有仁德的人,如果别人告诉他'井里掉下一位仁人',他是不是会跟着跳下去呢?"孔子说:"为什么要这样做呢?君子可以让他离开,不让自己陷入井中;可以被人欺骗,但不可以被愚弄。"

点点有日

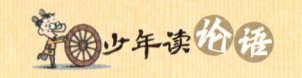

欺，就是欺骗；罔，就是愚弄。两个字都有欺骗的意思，也有点不同。

《孟子·万章上》有这样一个故事：

郑国的子产，就是孔子在《论语》中表扬他"有君子之道四焉"（有四种君子的美德）的那个人。某天，有人送了活鱼给子产。子产命管理池沼的小吏养在池中，小吏直接把鱼煮着吃了，回来报告说："鱼儿刚开始放下去的时候，看起来很疲累，稍过一会儿就很欢快地游走了。"子产说："算是找到了应该去的地方，找到了应该去的地方啊！"

小吏很得意地说："谁说子产有智慧？我都已经把鱼做熟吃掉了，他还说'找到了应该去的地方，找到了应该去的地方'。"

孟子说"君子可欺以方，难罔以非其道"，即你可以利用君子的善良欺骗他，却无法用不合情理的事蒙骗他。

宰我是孔子的弟子中比较特殊的一位，他经常会有一些奇思妙想，还因为逃课午睡被老师抓到。这次他问老师："你叫我们追随仁者，那要是他掉到井里，我们是不是也要跳下去呢？"宰我拿这种不合理的假设去考验老师，但是老师并没有上当。

博学于文，约之以礼。
礼！
礼？
追求知识的深与广，谓之“博文”。
遵守礼仪，约束自己，谓之“约礼”。
我觉得要是这样做的话，就不会偏离正道啦！
原来如此！
©CHILDREN
老师，您知道吗？我们国家有一所“香港中文大学”，就是用您的这句话当校训的。香港还有迪士尼，特别好玩……
是吗？为师太欣慰了！
我要去香港参观一下那所大学！走！干粮我都带好了！
老师！您这是去哪里？
老师真是急性子。这都是后来才发生的事情……您现在去那里，那里还啥都没有，只有一片海滩……
啊？太可惜了！
反正干粮都备好了，不如我们今天放假，去鲁国的海滩玩吧！
太棒了！
怎么样？我们这里的海滩也不错吧？比你说的那个香港的“都是泥”如何啊？
是“迪士尼”啦！算啦，没法和您解释清楚……

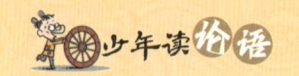

·原 文·

子曰："君子博学于文，约之以礼，亦可以弗畔矣夫①！"

注释

①畔：通"叛"。矣夫：表示较强烈的感叹语气。

孔子说："君子广泛地学习文化知识，再用礼来加以约束，这样也就不会离经叛道啦。"

点点有曰

孔子最喜欢的学生颜渊感叹说："夫子循循然善诱人，博我以文，约我以礼，欲罢不能。"（《论语·子罕》）

颜渊活学活用，马上把自己代入老师的话，还创造了两个成语"循循善诱""欲罢不能"。

颜渊果然是一位贤德的人啊！

第六章 雍也篇

子见南子，子路不说。
夫子矢之曰："予所否者，
天厌之！天厌之！"

点点师弟，老师呢？我想向他请教一下"仁"的问题。

老师啊？他刚才去拜见了卫国国君的夫人南子，才回来。

什么？！

这位南子夫人，听说人长得十分美貌，但是她名声很不好，卫国有很多关于她的风言风语。我们的老师怎么能去见这样一个人呢？！

我们现在就在卫国啊，老师这样做一定有不得已的苦衷。

不行，我得找老师去说道说道！他这样做可不对！

社会影响
有失体面
理智追星
子路你听我解释……

我要是有什么不合礼法的地方，就让老天抛弃我！让老天抛弃我！行了吧！

你去向老师认个错吧！你把老师气得都赌咒发誓了！

我没错！我还要把这事写到班级日志里，让后人来评说！

写就写！

263

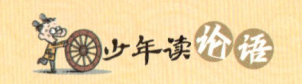

原文

子见南子①，子路不说②。夫子矢③之曰："予所否者④，天厌之！天厌之！"

注释

①南子：卫灵公夫人。

②说：通"悦"，高兴，愉悦。

③矢：通"誓"，发誓。

④所……者：相当于"假如……的话"，用于誓词中。

孔子去见南子，子路不高兴。孔子发誓说："我假若有不当之处，让上天厌弃我吧！让上天厌弃我吧！"

点点有日

南子是卫灵公夫人。她当时把持着卫国的朝政，行为不端，名声不好。

关于她约见孔子一事，《史记·孔子世家》有较生动的记载。因为南子名声不好，孔子起初并不想见她。南子让人带话说自己对卫灵公有影响力，如果想得到重用，孔子必须见她。孔子考虑到礼数，不得已去拜见了南子。二人隔着帷幔见面，孔子向北面叩头，南子在帷幔里两次还礼，身上的玉石佩饰发出了清脆的响声。

后来孔子发现卫灵公只好色不好德，于是离开了卫国。

但是子路这个直脾气可能觉得这属于"拉关系走后门"，就不高兴了，给老师脸色看，最后还逼得老师赌咒发誓。孔子和子路的师生关系也真是很"铁"了。

孔子和南子两人谈了什么，历史上并未记载。这件事后来被千百年来的人编了不少故事，这恐怕是孔子没有想到的。

中庸之为德也，其至矣乎！

中庸！中庸作为一种道德，可以说是最高的了！
是的，中庸。不过人们缺少这种道德已经很久了。
中庸？
中庸不是平庸、碌碌无为地混日子。
离退休还有××天
中庸也不是“好好先生”，不讲原则地“和稀泥”。
你说得没错，不过，做人呢，最重要的是开心……
你也有道理，大家都退一步，好不好？
中庸是恰到好处，不偏不倚，追求和谐之美的人生态度！
老师，后世有一位叫朱熹的学者，把《大学》《中庸》《论语》《孟子》合在一起进行注解，合称为“四书”。这是古代读书人的必读书！
“四书”里的名句及其思想已经融入中国人的思维观念，影响着中国人的行为和习惯。
这四本书全是重点！以后考试要考！祝大家好运！
朱熹
论语
孟子
大学
中庸
哎呀！那我以后说话得注意点，不能随便乱说了……免得影响考生。
来不及了。您那些话都已经被记录在“小本本”上了。

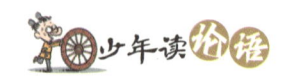

原文

子曰:"中庸①之为德也,其至矣乎!民鲜②久矣。"

注释

①中庸:孔子学说的一种最高道德标准。中:折中,调和,不走极端。庸:平常。

②鲜:少。

译文

孔子说:"中庸作为一种道德,该是最高等的了!但大家已经长久缺乏这种道德了。"

点点有日

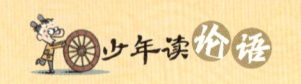

四书指《大学》《中庸》《论语》《孟子》。五经指《诗经》《尚书》《礼记》《周易》《春秋》。

《春秋》由于文字过于简略，通常分别与解释《春秋》的《左传》《公羊传》《穀梁传》合刊。

四书五经在中国传统文化的诸多文学作品当中，占据着相当重要的位置。

"四书"之名始于宋代。宋代朱熹将《中庸》《大学》《论语》《孟子》并称为"四书"。《大学》一说为孔子的弟子曾参所作，《中庸》一说为孔子之孙子思所作，《论语》记载孔子言行，《孟子》记载孟子言行，故又称"四子书"。

"中庸"主张处理事情不偏不倚，认为过犹不及，是儒家核心观念之一。

第六章 雍也篇

己欲立而立人，
己欲达而达人。

孔子的中心思想——就是"仁"！

"仁"的表现是——

己欲立而立人，己欲达而达人；

己所不欲，勿施于人……

哎呀，点点同学，你在桌子上又唱又跳，明白这几句的意思吗？

这几句很顺溜，我就忍不住进入"说唱"模式了。

其实就是要学会换位思考。自己要立足站稳，也应使他人立足站稳；自己想要处处行得通，也应使他人行得通；自己不喜欢的事情，更不要强加于他人。

要设身处地为他人着想啊！

现如今也有一个流行词，就是"达人"，意思是在某个领域非常专业、特别精通之人。

如果他能够利用自己的能力帮助他人，他就是我心目中的"达人"啊！

希望我长大也能成为这种"达人"！

269

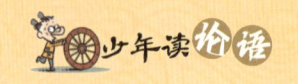

•原 文•

子贡曰:"如有博施于民而能济众,何如?可谓仁乎?"子曰:"何事于仁!必也圣乎!尧舜其犹病诸①!夫②仁者,己欲立而立人,己欲达而达人。能近取譬③,可谓仁之方也已。"

注释

①尧舜:传说中上古时代的两位帝王,是孔子推崇的圣人。病:难,不易。
②夫:助词,用于句首,提起下文。
③譬:比如。能近取譬:能设身处地,推己及人。

子贡说:"假若有一个人,能广泛地给民众好处,而且能够帮助众人生活得很好,怎么样?可以说他有仁德了吗?"孔子说:"哪里仅是仁德呢,那一定是圣德了!尧和舜大概都感到为难呢!什么是仁呢?自己想树立的,同时也帮助别人树立;自己要事事通达顺畅,同时也使别人事事通达顺畅。凡事能够推己及人,可以说是实行仁道的方法了。"

点点有日

孔子心目中的"仁人"和"圣人"的区别是什么?"仁人"就是首先自己要有很好的道德修养,同时"己欲立而立人,己欲达而达人",能够推行仁爱到身边的人。如果天生聪明,道德崇高,有权有位,能够安定天下百姓,像尧和舜那种,那就是"圣人"啦。

孔子觉得自己还达不到圣人与仁人的标准("若圣与仁,则吾岂敢?"《论语·述而》),他只承认自己好学,勤勉刻苦,持之以恒,并不认为自己是天才。子贡说老师是"天纵之将圣"(上天安排的大圣人《论语·子罕》),他也立即否认。

虽然孔子自己不承认,但是他在后世也被尊为"圣人"。汉平帝刘衎追封孔子为公爵,称"褒成宣尼公"。北魏孝文帝改称孔子为"文圣尼父"。隋文帝尊孔子为"先师尼父",唐玄宗更称之为"文宣王"。清代顺治皇帝起初称他为"大成至圣文宣先师",后改回明朝的称呼,称为"至圣先师"。

孔子开创的儒家思想经过历代儒家的发展,成为中华文化的主流。儒家思想作为中国人的指导思想,已经深入到我们生活的方方面面。

邱炯 绘著

下册

少年读论语

© 中南博集天卷文化传媒有限公司。本书版权受法律保护。未经权利人许可，任何人不得以任何方式使用本书包括正文、插图、封面、版式等任何部分内容，违者将受到法律制裁。

图书在版编目（CIP）数据

少年读论语．下册 / 邱炯绘著．-- 长沙：湖南少年儿童出版社，2024.5
ISBN 978-7-5562-7578-6

Ⅰ．①少… Ⅱ．①邱… Ⅲ．①《论语》—少儿读物 Ⅳ．① B222.2-49

中国国家版本馆 CIP 数据核字（2024）第 078741 号

SHAONIAN DU LUNYU XIA CE
少年读论语 下册

邱　炯 绘著

责任编辑：唐　凌　李　炜	策划出品：李　炜　张苗苗
策划编辑：蔡文婷	监　　制：杨峭立
营销编辑：付　佳　杨　朔　付聪颖	特约编辑：杜天梦
封面设计：霍雨佳	版式排版：马俊赢

出 版 人：刘星保
出　　版：湖南少年儿童出版社
地　　址：湖南省长沙市晚报大道 89 号
邮　　编：410016　　　　　　　电　　话：0731-82196320
常年法律顾问：湖南崇民律师事务所 柳成柱律师
经　　销：新华书店
开　　本：700 mm × 980 mm　1/16　　印　　刷：北京柏力行彩印有限公司
字　　数：127 千字　　　　　　　印　　张：12.75
版　　次：2024 年 5 月第 1 版　　印　　次：2024 年 5 月第 1 次印刷
书　　号：ISBN 978-7-5562-7578-6　定　　价：89.00 元（全 2 册）

若有质量问题，请致电质量监督电话：010-59096394
团购电话：010-59320018

目录

第七章 述而篇 001

第八章 泰伯篇 083

第九章 子罕篇 099

第十章 乡党篇 129

第十一章 颜渊篇 135

第十二章 子路篇 149

第十三章
宪问篇 157

第十四章
卫灵公篇 161

第十五章
季氏篇 171

第十六章
阳货篇 175

第十七章
微子篇 187

第十八章
子张篇 191

番外篇 195
后记 198

第七章 述而篇

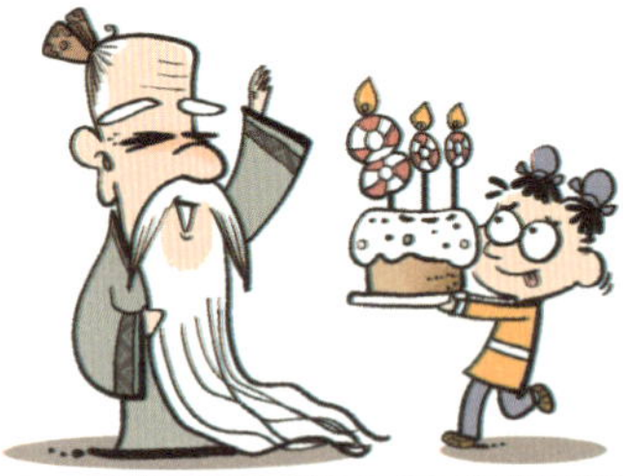

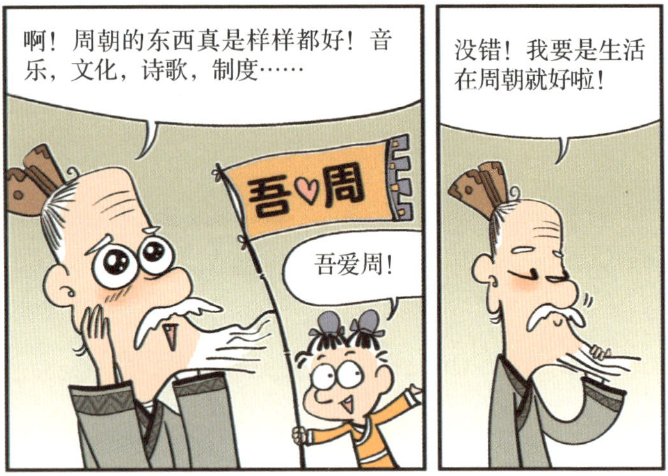

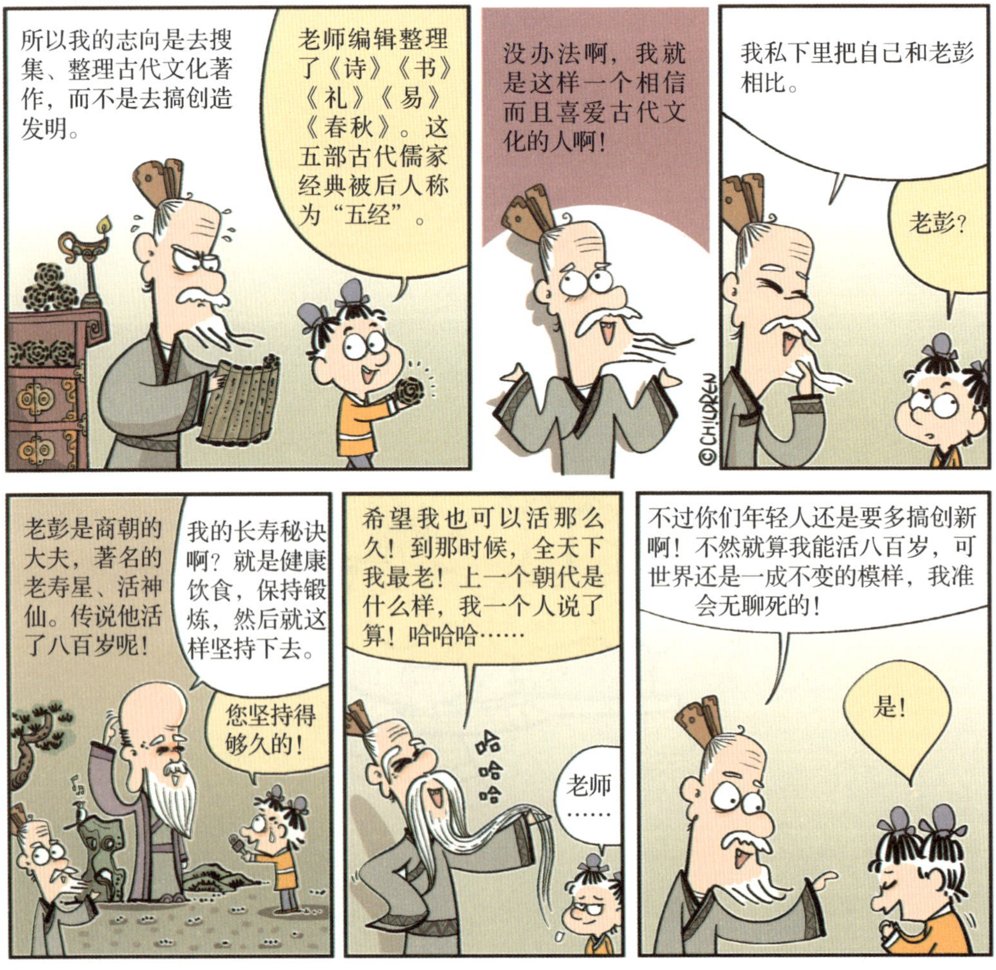

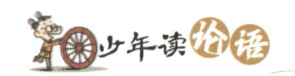

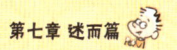

原 文

子曰："述而不作，信而好古，窃比于我老彭①。"

注释

①比于我老彭：把自己比作老彭。我，表示亲近。老彭，一说为老子和彭祖两人，一说为商代的大夫彭祖。

孔子说："阐述而不创作，相信并喜爱古代文化，我私下里把自己比作老彭。"

点点有日

老彭是谁？他是有名的老寿星和活神仙，在《列仙传》和《神仙传》都有记载，是教商王学地仙之术的专家。所谓"地仙"，就是住在人间的活神仙。古人说，彭祖活了八百余岁。这可能是古代历法混乱日子算错了吧？别说在古代，就是在医疗卫生先进的今天，也没有人能达到此岁数。

彭姓是因住在彭城而得名，彭城即今徐州。

默而识之，
学而不厌，
诲人不倦，
何有于我哉？

要掌握的知识，我都默记在心里。

勤奋学习，从不满足。

教导学生也毫不倦怠。

好吧，那我再讲一遍……

这些对我算得了什么呢？我就是喜欢教书育人啊！

但是昨天在评选"最受欢迎老师"的时候……

不好意思，因为名额有限，你没有评上……

不过这对我来说也不算什么，重点是我们要持之以恒，做好自己！

明白了，老师！虽然我没被选上"小记者"……

但是这没什么！我还是会一如既往地关注班里的各种八卦的！我们一起努力吧！

好的……

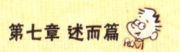

第七章 述而篇

·原 文·

子曰："默而识①之，学而不厌，诲人不倦，何有于我哉？"

注释

①识：通"志"，记住。

译文

孔子说："把所见所闻默默地记在心里，努力学习而从不满足，教导别人而不知疲倦，这些事我做到了哪些呢？"

点点有曰

孔子作为伟大的教育家，他的学识、他的好学和教导学生的尽心尽力是深受人们敬重的，而他本人把这些看得很平淡，好像是理所当然的。这三句话，是孔子的自我评价，也是孔子引以为豪的三件事。

"何有于我哉"也有人解释为"这事对我有什么难的呢"，显得孔子不是那么谦虚，但是有一点小得意，也挺有意思的。

德之不修，
学之不讲，
闻义不能徙，
不善不能改，
是吾忧也。

愁

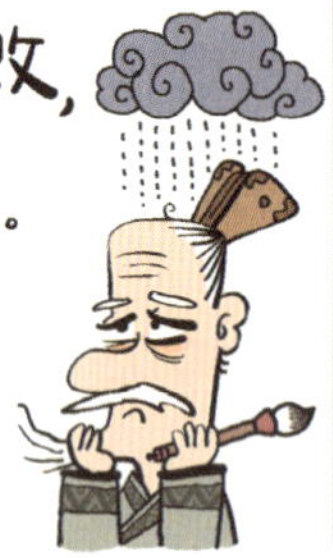

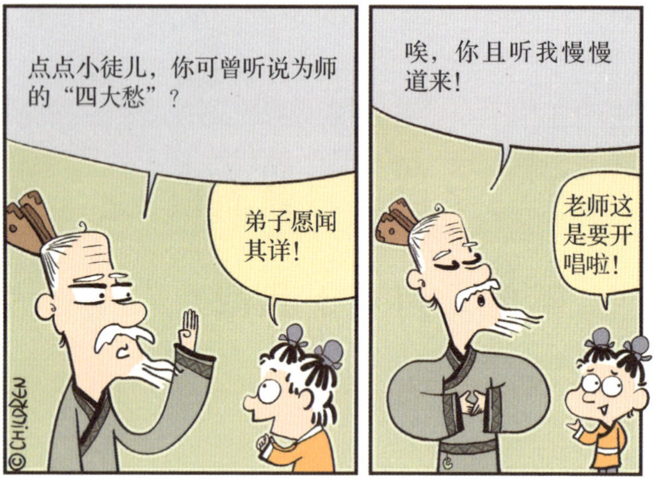

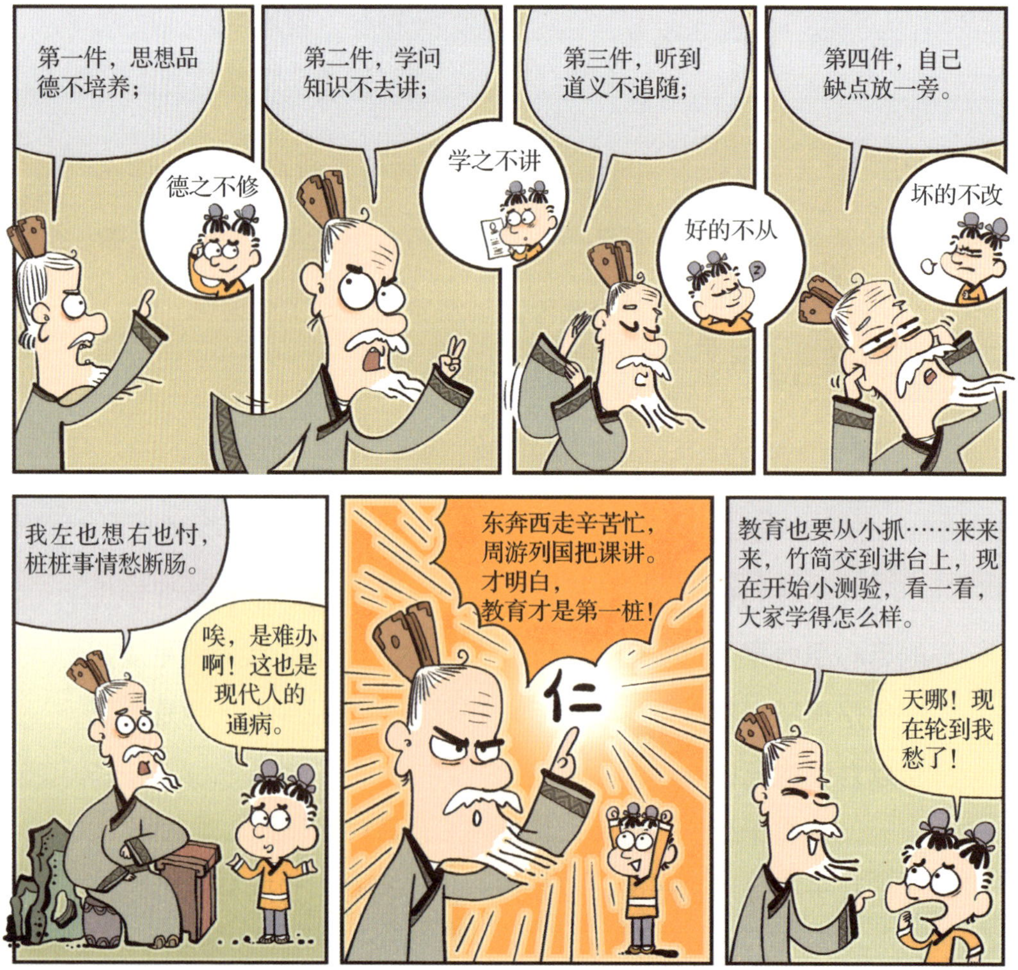

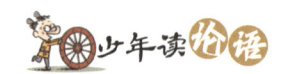

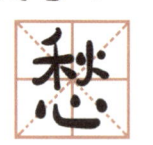

原文

子曰:"德之不修,学之不讲,闻义不能徙,不善不能改,是吾忧也。"

孔子说:"不去培养品德,不去讲习学问,听到义在那里却不能去追随,有缺点而不能改正,这些都是我所忧虑的。"

点点有日

不培养品德,不好好学习,好的不学,坏的不改……感觉孔子这个焦虑感和我们班主任差不多。

子之燕居，
申申如也，
夭夭如也。

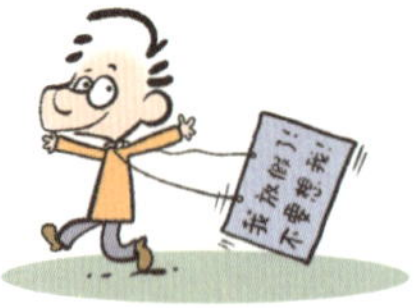

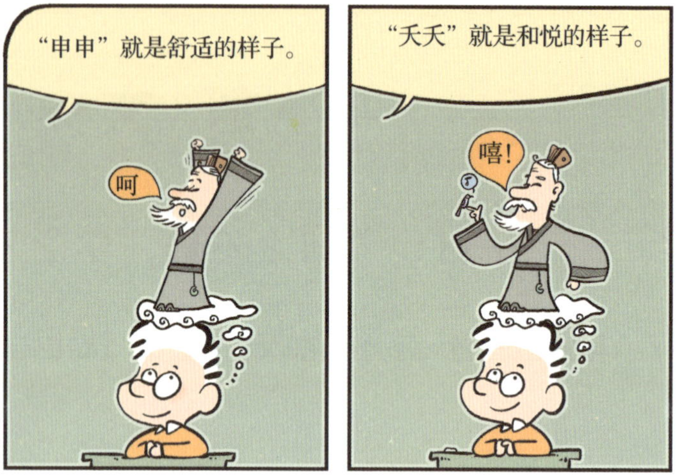

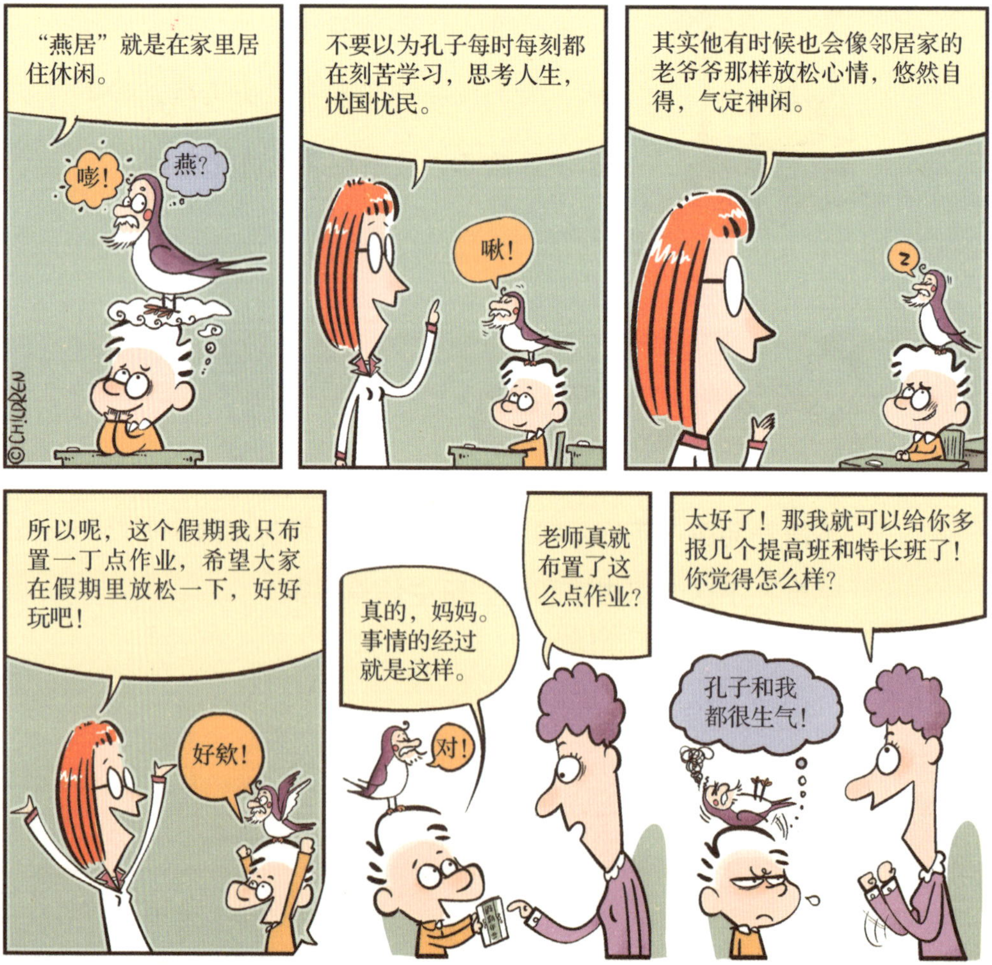

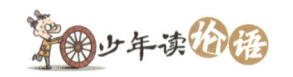

原 文

子之燕居①，申申②如也，夭夭③如也。

注释

①燕居：安居，闲居。指在家里的日常生活。
②申申：舒展齐整的样子。
③夭夭：形容颜色和悦的样子。

译文

孔子在家闲居的时候，整齐端庄，和舒自然。

点点有日

孔子一生心忧天下，忧国忧民。但是他在家闲居时却舒展自如，神色和悦，好像很放松的样子。

所以我们要学会调整自己的状态，工作和学习也不能安排太满，要有张有弛。有张有弛，意思是宽严结合，是文王武王治理国家的方法。现用来比喻生活的松紧和工作的劳逸要合理安排。

甚矣，吾衰也！
久矣吾不复
梦见周公。

原文

子曰:"甚矣,吾衰也!久矣吾不复梦见周公①。"

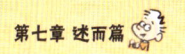

注释

①周公:姓姬,名旦。

孔子说:"我衰老得多么厉害啊!我已经好久没有再梦见周公了。"

点点有日

周公是周文王姬昌的第四个儿子,周武王姬发的弟弟,周成王的叔父,鲁国的始祖。他是孔子最敬佩的古代圣人之一。武王死的时候,成王还很小,周公辅佐成王,制礼作乐,对国家安定强盛起到极大作用。

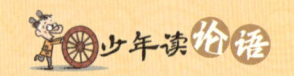

孔子把周公视为周代文化的代表。孔子一生都牵挂着周礼，可能没少梦见周公。但是这次他忽然这样感慨，恐怕是预感到自己没有机会看到周礼复兴的一天。

后来做梦就经常被称为"周公之梦"，或"梦见周公"。后人假借周公之名写了一本叫《周公解梦》的书，试图解释不同梦境的含义，并从梦中预测吉凶。

你最近做了什么离奇的梦吗？据说要在醒来的一分钟内赶快记录下来，不然就会忘记！

第七章 述而篇

志于道，据于德，依于仁，游于艺。

安慰奖

同学们！快到学期末了！我制定了一个"优秀学生评选标准"，大家都过来了解一下！

给大家画一下重点：一共四条！道，德，仁，艺！

把"道"作为自己的志向；

以"德"作为内心的根据；

为人处世依靠仁爱之心；

熟练掌握六大技艺，就是礼、乐、射、御、书和数。

这六艺啊……简单说，就是礼节、音乐、射箭、驾驭马车、读写和算数。大家都可以去报名考试拿证。

老师，这对我不公平！我做不到啊！

咦？何出此言？

上次我去报名学马车驾照，就因为年龄不够被赶出来了！

驾校报名

013

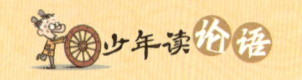

原 文

子曰："志于道，据于德，依于仁，游于艺①。"

注释

①艺：指六艺，包括礼、乐、射、御、书、数。

译文

孔子说："以道为志向，以德为根据，以仁为依靠，而游憩于礼、乐、射、御、书、数六艺之中。"

点点有曰

六艺就是周朝贵族教育体系中的六种技能，分别是礼、乐、射、御、书、数。礼：礼节（类似今日德育教育）。乐：音乐。射：射箭技术。御：驾驶马车的技术。书：书写、识字、作文。数：是计算、数学的技术。

六艺既重视培育学生的文化知识，又兼顾了艺术和体育，是非常合理的教育方法。

周王室设置的这些学习项目，只要求士大夫、诸侯和公子等有身份地位的人学习，算是"贵族教育"，对平民没有要求。

第七章 述而篇

子曰：「自行束脩以上，吾未尝无诲焉。」

咦？这里有包东西，上面还有张贺卡？

老师您好！孔子曾经说过……

只要是主动带着"束脩"来求见我的，我没有不给予教诲的！

老师……请收下我！

还能吃一条！

以后就跟着我好好学习吧，做一个仁义之人！这是你的听课证。

好的！多谢老师！

我上网查了一下，原来"束脩"的意思是"十条干肉"啊！这是古代流行的拜师礼。

不过我在超市里找不到这种干肉条……

没有！没听说过！

束脩啊！十条干肉啊！

于是我就买了一包牛肉干送给您！祝您教师节快乐！

点点敬上

哈哈，太可爱了！不过老师不需要礼物哟！等一下还给你吧！

咦？这牛肉干怎么都打开啦？里面还有张小字条……

老师，为了保证是"十条干肉"，我帮您把多出来的吃掉了。

点点又及

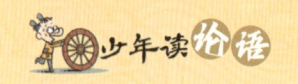

·原 文·

子曰:"自行束脩①以上,吾未尝无诲焉。"

注释

①束脩:一束干肉,即十条干肉,是古代一种见面礼。

孔子说:"只要是主动给我十条干肉作为见面礼的,我从没有不给予教诲的。"

点点有日

束脩是古代民间上下级、亲戚、朋友之间相互馈赠的一种一般性礼物。古代学生与教师初见面时,必先奉赠礼物,表示敬意,被称为"束脩"。

"束脩"一词历来解释不同。可以将它理解为"十条干肉"。虽然古人吃肉不易,但"十条干肉"应该也不是什么厚礼。孔子有很多出身贫寒的学生,但是孔子并不嫌贫爱富,相反,他坚持"有教无类"的平等原则,将许多贫寒弟子培养成了君子。这一思想非常接近于教育公平化的原则。正因如此,孔子才被奉为"至圣先师""万世师表"。

随着时代的发展,送给老师的见面礼不一定是"十条干肉"了,也可以用其他礼品代替,如唐朝就有人送酒肉或者丝绸之类的东西。东西虽然变了,但"束脩"的含义没有改变,且后来给学校的学费、老师的工资也都称为"束脩"。

相传,孔子有弟子三千,每人十条干肉,一开学就是三万条……在没有冰箱的古代,确实还是干肉好保存啊。

不愤不启，不悱不发。

愤，就是思考问题，却怎么也想不通。
论述题：什么是仁？
悱，就是想把话说出来，却表达不清楚。
之……这个之乎者也……哉……那个呜呼哀哉……
我就喜欢先让同学们独立思考……
老师，我的头都想痛了，可是……
等他们实在想不明白，说不清楚的时候，我才会启发、开导他们！
所以遇到不会的题目，应该自己先动脑子好好想想！不要动不动就来问爸爸！
好！
去吧！开动脑筋！打败难题！实在想不出的时候……
再来找爸爸！
©CHILDREN
加油！你能行的！
嗯！
赶快上网查查！这啥题目啊！怎么做啊！现在孩子的作业咋这么难啊！

第七章 述而篇

举一隅不以三隅反，则不复也。

在学习知识的时候，我们要学着积极主动地思考啊！

如果老师教给大家一个方面的问题……

同学们应该积极思考，以此类推，学会解决另外三个类似的问题哟！

这种学习方法，可以帮助大家解决更多的问题！

不会"举一反三"的学生，连孔子都不想再教第二遍！点点！你又在课本上乱画！不好好听课，你怎么知道"举一反三"呢？

老师！我已经学会"举一反三"了！

哦？

以前吧，我只会画"丁老头"……

经过您的启发，我现在会画"丁奶奶""丁姐姐"还有"丁小孩"……一下子打开了我的绘画之门啊！

019

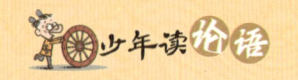

原文

子曰："不愤不启①，不悱不发②。举一隅不以三隅反，则不复也。"

注释

①愤：思考问题时有疑难想不通。启：开导。
②悱：想表达却说不出来。发：启发。

译文

孔子说："教导学生，不到他想求明白而不得的时候，不去开导他；不到他想说却说不出来的时候，不去启发他。给他指出一个方面，如果他不能由此推知其他三个方面，就不再教他了。"

点点有曰

孔子推荐"启发式"教学，要求学生能够"举一反三"。在学生充分进行独立思考的基础上，对他们进行启发和开导。

如何教学是靠老师的技巧，但学习终究是学生自己的事情。要是学生自己不积极思考，孔子就懒得再教他啦。俗话说"师傅领进门，修行在个人"，也是这个道理。

子食于有丧者之侧，未尝饱也。
子于是日哭，则不歌。

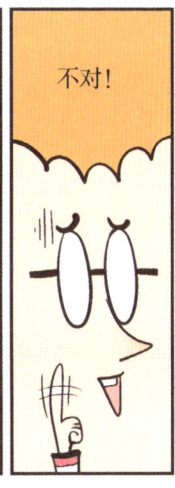

谁来解释一下这个词语？

共情

我！

"共情"……就是"同情"，就是感觉对方十分可怜！

不对！

共情，也被称为"同理心"，是设身处地体验他人的处境，感受并理解他人感情和情绪的心理过程。

孔子在有丧事的人旁边吃饭，从来没有吃饱过。

吃不下！

如果当天为哀痛之事哭泣过，他也不再奏乐和欢唱。

不！

去唱歌吗？

并不是我情商高，我只是将心比心，更加能够体会别人的心境啊！

老师！我还想到一个"共情"的例子，就是……

在面对自然灾害，或者抗击病毒疫情时，很多国家之间都会捐赠物资。

是啊，真是一些温暖的句子呢！

很多捐赠物资上，还贴着感人的诗句和鼓励的话语呢！我非常喜欢！

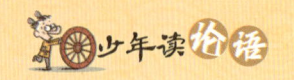

原文

子食于有丧者之侧，未尝饱也。子于是日哭，则不歌。

译文

孔子在有丧事的人旁边吃饭，从来没有吃饱过。孔子如果在这一天哭泣过，就不再唱歌。

点点有日

这两句表达了同一个主题：如何对待丧礼。

孔子是一位感情真挚的人，面对别人的哀伤，他充满共情。

共情指在人与人交流中表现出的对他人设身处地理解的能力。能设身处地替人着想，学会换位思考，学会倾听以及表达尊重，这样做有助于帮助我们与他人建立健康的人际关系。

孔子作为一个音乐爱好者，想必平时是很喜欢演奏和歌唱的。

用之则行，舍之则藏。

十、九、八、七、六、五……

颜渊同学！请到前面来！
咦？老师叫颜渊，他怎么站起来了？
哈哈，老师提问了！看你怎么回答！
是的，老师！
©CHILDREN

诸侯列国能够用我的，我就出来施展抱负，治理国家平定天下；没有用我的，我就退隐江湖。
老师说得对！
只有我和你可以做到这一点！
老师去哪里，我就去哪里！
哎？他不是叫颜回吗？
“回”字的字形就像水的漩涡，是深水的意思，“回，渊水也”——所以颜回就是颜渊，颜渊就是颜回。
哼！老师总是偏心颜回，不但有俩名字，而且连退隐江湖这样的好事也都叫上他！
就是！
我们以后就叫他……嗯……“颜水深”！怎么样？嘿嘿嘿……
大师兄说得对！
子路！你在下面嘀嘀咕咕说什么水深水浅的？来和大家分享一下！
没有……没有！

少年读论语

必也临事而惧，
好谋而成者也。

老师，老师！我还有一个问题！

假如您去统帅军队，会选谁和您一起去呢？还是颜回同学吗？

颜回吃着粗茶淡饭，住在破房子里，也高高兴兴的——确实适合和老师一起去隐居。

乐在其中！

可是要说行军打仗，就应该找子路我啊！我最勇敢了！

快！老师快选我！快选我！快选我！

紧张

喀……赤手空拳和老虎搏斗，不用船只直接蹚水过河……就算死了也毫不后悔……

对！就是我！我就是这么猛！

我才不会和这种冒失鬼共事呢！

什么！

必须得是面对事情能够小心谨慎，善用计谋而又有决断的人——与这样的人合作，才能成功啊！

必须的！

糟了，这糗事又被师弟记在班级日志里了！

•原 文•

子谓颜渊曰:"用之则行,舍之则藏,惟我与尔有是夫!"子路曰:"子行①三军,则谁与②?"子曰:"暴虎冯河③,死而无悔者,吾不与也。必也临事而惧,好谋而成者也。"

注释

①行:统帅、治理。

②与:同……一起,共事。

③暴虎:空手与老虎搏斗。冯河:徒步涉水过河。

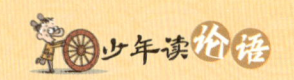

孔子对颜渊说："如果用我，就积极行动；如果不用我，就藏起来。只有我和你才能这样吧！"子路说："如果让您率领三军，您愿找谁共事呢？"孔子说："赤手空拳和老虎搏斗，徒步涉水过大河，即使这样死了都不后悔的人，我是不会与他共事的。我要找的共事之人，一定是遇事谨慎小心，善于谋划而且能完成任务的人。"

点点有日

子路好勇，也喜欢自我表现，见孔子夸奖颜渊，很不服气，因此站出来发问。结果被孔子反驳，说他"有勇无谋"，不能共事。

暴虎和冯河是很早就有的俗语，西周的《诗经·小雅·小旻》里就有提到。暴虎冯河后来变成一个成语，比喻有勇无谋，冒险蛮干。

第七章 述而篇

富而可求也，虽执鞭之士，吾亦为之。如不可求，从吾所好。

孔子认为富贵人人都可以追求，但是有一个原则，就是要合乎道。

只要合乎道，即使是拿着鞭子守门或者开路这样的事，他也会去做。

让让！

要是不合乎道，就不能去追求。我还是选择做自己喜欢的事情就好啦！这是原则问题！

你们知道吗？孔子二十一岁的时候，为了谋生，担任了季氏的"乘田吏"，也就是管理牛羊的官吏，工作十分出色。

祝贺你！已经是第十一次获奖啦！

先进

后来，他还是选择了自己最喜欢的教书工作。他带着学生周游列国，边走边学，成了一代宗师。

世界那么大，我想去看看！

而我就是因为喜欢小孩子，才选择当老师的哟！好了，同学们，下课！

但有时候我也会冒出"去放羊吧"这样的念头……

老师再见！

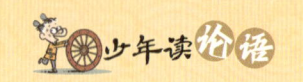

·原 文·

子曰:"富而可求也①,虽执鞭之士②,吾亦为之。如不可求,从吾所好。"

注释

①而:如果。可求:可以求得,指符合道义地获得。

②执鞭之士:古代的天子、诸侯和官员出入时手执皮鞭开路的人,指地位低下的官吏。

孔子说:"财富如果可以合乎道义而求得的话,即使是做手拿鞭子的低级职务,我也愿意。如果不能求得,我还是按照自己的爱好行事吧。"

点点有日

执鞭之士：根据《周礼》，有两种人拿着皮鞭。一种是古代天子以及诸侯出入之时，有二至八人拿着皮鞭使行路之人让道。估计是鞭子甩起来发出"噼啪"的声音，促使百姓让开。一种是市场的守门人，手执皮鞭来维持秩序。这里讲的是求财，市场是财富聚集之处，因此也可以译为"市场的守门卒"。

甩鞭子为什么会发出"噼啪"的脆响？其实，这"噼啪"声就是一次次小小的"音爆"。因为根据观测，抽鞭子的时候鞭梢的速度已经突破了声音的速度，这也可能是人类最早突破声速的物体。

当物体速度超过声速时，物体表面的空气被穿透，就产生了"激波"。激波造成压力的剧烈波动，继而转化为很大的声音，就是"音爆"，又称"声震"。一架低空超声速飞行的战斗机产生的音爆足以震碎门窗玻璃——还好飞行员自己听不见，因为他飞得比声音还快！传说美国空军基地边上的一个养鸡场老板曾经投诉过空军，因为他的上万只鸡都被耍酷的飞行员用音爆震死啦。

子之所慎：
齐、战、疾。
大病
保险
意外
养老
医疗
孔子小心谨慎的事情有三件。分别是……“齐”？要小心齐国吗？
不，是“斋”，是斋戒啊！
您瞅瞅，这明明是个“齐”字啊！
不好意思……这里的“齐”就是“斋”。这属于“通假字”，我是古人，我说了算！
斋，就是在祭祀之前沐浴更衣，戒荤戒酒，做到内心清净。
求祖宗保佑！
战，就是战争。兵荒马乱之中，多少百姓流离失所，家破人亡！
NO WAR
来者何人？
生灵涂炭
我们要停战！
和平
疾，就是疾病。在古代，小病都可能丢掉性命！
来啊！继续扎我！
神医
这三件都是人命关天的大事，所以一定要慎重对待！
是的……
但这些又都是我无法左右的事情，我太难了……
焦虑
焦虑
……有了！
……保险？保险是什么？
妈妈！快来！我给你介绍一个人，肯定对你卖的保险产品感兴趣！

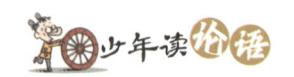

·原 文·

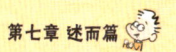

子之所慎：齐①，战，疾。

注释

①齐：通"斋"。古代祭祀之前要沐浴更衣，做一番身心的整洁工作，这一工作便叫作"斋"或者"斋戒"。

译文

孔子谨慎小心对待的事有三件：斋戒，战争，疾病。

点点有日

这三件事情，大到关系国家的存亡安危，小到关系个人的生死。

这都是孔子不能不谨慎的地方。

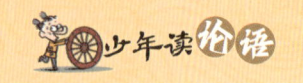

在中国，斋戒主要用于祭祀、行大礼等严肃的场合，以示虔诚庄重。

汉朝司马迁所著的《史记·廉颇蔺相如列传》里，秦王打算霸占赵国的和氏璧。赵国使者蔺相如就对秦王说："和氏璧，天下所共传宝也，赵王恐，不敢不献。赵王送璧时，斋戒五日。今大王亦宜斋戒五日，设九宾于廷，臣乃敢上璧。"

早先斋戒与吃不吃肉没有多大关系。南朝的梁武帝萧衍写了篇《断酒肉文》，提倡僧侣禁止肉食。皇帝都这样说了，和尚们也不好反对……于是后来斋戒就和吃素联系到一起了。

三月不知肉味。
爸爸！您知道吗？孔子他老人家还是一个“音乐发烧友”呢！
哦？说来听听！
据说啊，有一次他在齐国听到了《韶》乐。
啊！这旋律！太好听了！
齐国界
结果呢，他有好长时间都沉浸在这音乐之中……
对……
老师！今天的大鼎炖肉太好吃了！
连肉的滋味都吃不出啦！
是啊！是啊！好听！好听！真想再听一遍！
爸爸！您对音乐有研究吗？妈妈总是说您“五音不全”哟！
咯……我虽然唱歌跑调，但是我也是一个热爱音乐的人啊！
©CHILDREN
那昨天您吃饭的时候，说什么“今天的鸡都没有鸡肉味”——您是听了什么难忘的乐曲了吗？
昨天……
哈哈，那是因为昨天的鸡是速生鸡。速生鸡长得太快了，没有土鸡好吃啊！
我觉得爸爸对美食更有研究！

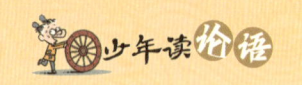

·原 文·

子在齐闻《韶》①，三月②不知肉味。曰："不图为乐之至于斯也。"

注释

①《韶》：相传是虞舜时的乐章。

②三月：很长时间。"三"是虚数。

孔子在齐国听到《韶》的乐章后，很长时间内尝不出肉味。他感叹道："没想到欣赏音乐竟到了这种境界！"

点点有口

韶乐，是中国的一种传统宫廷音乐，因韶乐有九章，故亦名"九韶"。

《竹书纪年》载："有虞氏舜作《大韶》之乐。"《吕氏春秋·古乐篇》同载："帝舜乃命质修《九韶》《六列》《六英》，以明帝德。"可见舜组织编写了一套歌颂自己德政功绩的音乐。

根据《汉书·礼乐志》记载，舜之后韶乐是在陈（陈国），到了春秋时期陈的公子陈完逃到了齐国，所以把韶乐也带到了齐。这就是孔子听到的《韶》啦。

今天在山东省淄博市齐都镇韶院村北部，有一处规模不大的淡灰色仿古建筑。门内北墙正中镶嵌着一方石碑，碑上隶书大字题曰"孔子闻韶处"，记录了这个"三月不知肉味"的历史时刻！

不义而富且贵，
于我如浮云。
这句吗？我看看啊……孔子是说……
“用不正当的手段得来的财富和尊贵……”
“对我来说就好像是天空中飘浮的云朵一样，不值得去追求。”
浮云啊！浮云你明白吗？
不……
就是飘忽不定，变化万千，有时候高，有时候低……有时候多，有时候少……有时候凭空消失……浮云就好像……就好像……
有了！
就好像您常说的股票啊！是吧，爹？
不!!我的股票不是浮云！它们不会消失！还有，以后不许喊我“爹”！
爹，您这是怎么了？
臭小子！你又说什么了？惹你爹这么生气？
不是我，是孔子。
©CHILDREN

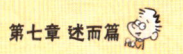

原文

子曰:"饭疏食①饮水②,曲肱③而枕之,乐亦在其中矣。不义而富且贵,于我如浮云。"

注释

①饭:吃。名词用作动词。疏食:粗粮,糙米饭。

②水:古时常以"汤"与"水"相对而言,汤是热水,水是冷水。

③肱:胳膊。

译文

孔子说:"吃粗粮,喝冷水,弯起胳膊当枕头,这其中也有乐趣。干不正当的事而得来的富贵,对我来说就像浮云一般。"

点点有日

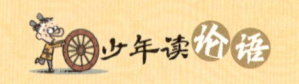

肱是指上臂，从肩膀到手肘这一段。上臂前面的是肱二头肌，后面的是肱三头肌。

不过我弯起胳膊试了试，"曲肱而枕之"中的"之"，只能是小臂。

有一个网络流行语"神马都是浮云"，其实是"什么都是浮云"的谐音，表示什么都不值得一提，有抱怨感叹之意。

那么有没有叫"浮云"的神马呢？还真有这么一匹马。《西京杂记·卷二》里记载说："文帝自代还，有良马九匹，皆天下之骏马也。一名浮云，一名赤电，一名绝群，一名逸骠，一名紫燕骝，一名绿螭骢，一名龙子，一名麟驹，一名绝尘，号为九逸。"

子所雅言，《诗》《书》，执礼，皆雅言也。
??
老师，古时候也有“普通话”吗？
有。
孔子诵读《诗》《书》，以及在礼仪场合讲话，都用“雅言”。
来，跟我念！
雅言
雅言就相当于古代普通话，以国都地区的发音为标准。周朝的都城在洛邑，也就是今天的河南洛阳附近。
周 周朝
洛邑
©CHILDREN
（点点想象图）
中不中？
中！
普通话方便交流。不过我在给爸妈打电话的时候，还是会说家乡话，觉得很亲切。
老师！您的家乡话是怎么说的啊？
那好，下面我用我的家乡话布置一下今天的作业。大家拿笔记下来，准备好了吗？
准备好了！
??????
老师！我一个字也没听懂!!!

•原 文•

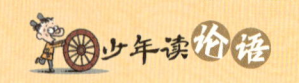

子所雅言①，《诗》《书》，执礼，皆雅言也。

注释

①雅言：古代西周人的语言，即标准语，相当于今天的普通话。

孔子有用雅言的时候，读《诗》《书》，行礼，都用雅言。

点点有日

雅言与"方言"相对，是当时中国所通行的语言。春秋时期各国语言不能统一，可以想象得到，从古书中也可以找到证明。雅言是中夏通用的语言，类似于今天的普通话，是正音。

古代社会，特别是秦始皇统一文字以前，交通不便，语言文字的地域差别很大，这就给人们交流造成了一定的障碍。

孔子号称弟子三千，七十二贤人。这些学生里鲁国人居多，也有外地人，比如端木赐（子贡）是卫国人，言偃（子游）是吴国人。鲁国本地的方言差异不大，但这么多来自外地的弟子，老师讲课该用什么话呢，小组讨论的时候该用什么话呢？为了方便交流，非常有必要提倡和使用一种共同语。从本章来看，孔子显然也是"普通话"的倡导者。

汉语的声调是全世界各种语言中比较特殊的。所谓平仄（zè），是对汉字声调的分类，它把汉字的四种声调分为平声和仄声。现代汉语拼音的阴平和阳平（即一、二声）合为一类，叫作平声；上声和去声分为一类（即三、四声）合为一类，叫作仄声。

发愤忘食，乐以忘忧，不知老之将至云尔。

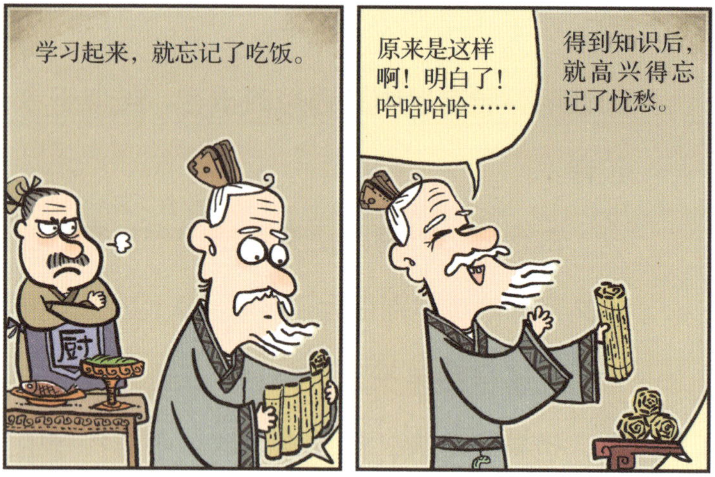

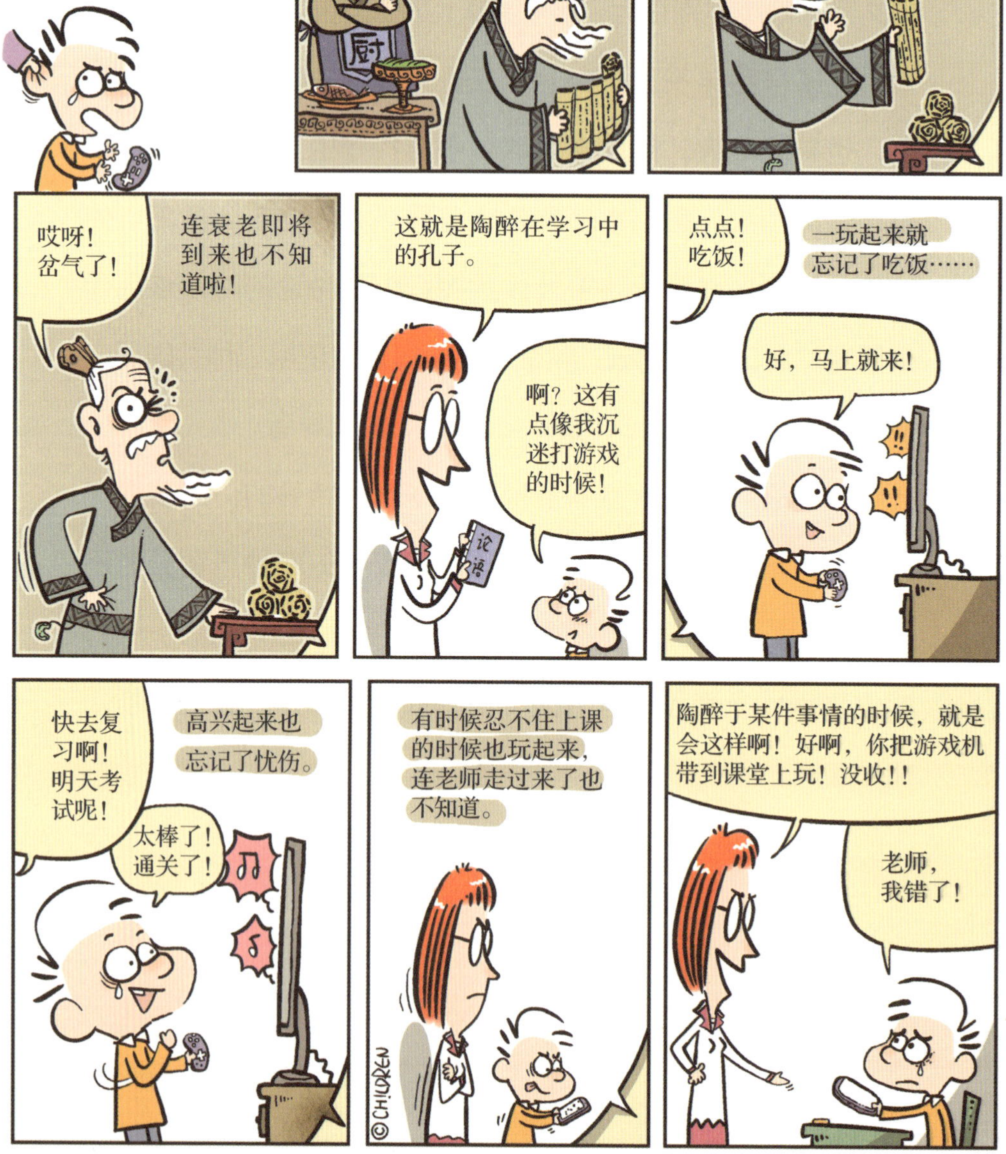

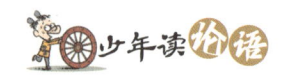

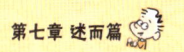

原 文

叶公①问孔子于子路,子路不对。子曰:"女奚②不曰,其为人也,发愤忘食,乐以忘忧,不知老之将至云尔③。"

注释

①叶公:楚国大夫沈诸梁,字子高。叶,楚国地名,在今河南叶县南。

②奚:何,为什么,怎么。

③云尔:云,如此。尔,通"耳",而已。

叶公问子路孔子为人怎么样,子路没有回答。孔子说:"你为什么不这样说:他的为人,用功学习便忘记了吃饭,自得其乐便忘记了忧愁,以至于不知道衰老将要到来,如此罢了。"

点点有日

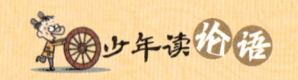

这里的叶公据说就是"叶公好龙"的主角。

据说叶公非常爱好龙，器物上画着龙，房屋上也刻着龙。真龙知道了，就到叶公家来，把头探进窗户。叶公一见，吓得面如土色，拔腿就跑。（见于汉代刘向《新序·杂事五》）

叶公好龙这个成语一般比喻口头上说爱好某事物，实际上并不真爱好它，甚至畏惧它。

叶，就是河南叶县之"叶"，根据清朝的《康熙字典》和民国的《中华大字典》所注，此字古音为 shè。不过如今连河南叶县当地人自己也读作 yè，你想读 yè 也没什么关系。

我非生而知之者，好古，敏以求之者也。
我觉得世上确实有那种“天生就啥都知道”的天才。
IQ
不过我就不是啦，我只是个普通人，学习起来也只有“笨”办法……
怎么会！您被后世的人称为“孔圣人”呢！
我？
那都是我的粉丝说的，我可不是！
我只是真心喜欢古代的文化知识，以勤补拙，学得特别来劲而已！
俗话说，“没有能力走不动，没有动力走不远”。
希望你可以通过现在的学习增强能力，以后找到自己内心真正喜欢的方向，一直钻研下去！
©CHILDREN

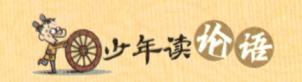

原文

子曰："我非生而知之者，好古，敏以求之者也。"

孔子说："我不是生下来就有知识的人，而是爱好古代文化，勤奋敏捷去求学获取知识的人。"

点点有曰

孔子按照学习和智力把人分为四等："生而知之者"是上等，"学而知之者"是中等之上，"困而学之"是中等之下，"困而不学"是下等。他承认有"生而知之"的天才，但是他只承认自己好学。

多听多记、勤奋好学，这就是孔子的"成功秘诀"。

子不语
怪、力、乱、神。

总之呢，我不喜欢讲的事情有四样。

就是怪异、暴力、叛乱和鬼神。

虽然上至国君、下至百姓都很崇拜鬼神，我也恭恭敬敬地参加过祭拜。

不过呢……

君子应当以人为本，追求仁义道德，而不是沉迷鬼神和巫术。

仁

所以，悄悄地告诉你，我的态度是"敬鬼神而远之"。

那……您相信有鬼神吗？

啊……这个，不好说，说不好……我也不太清楚，我只是一个古人。你说呢？

·原 文·

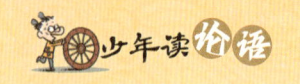

子不语怪、力、乱、神①。

注释

①怪：怪异之事。力：施暴逞强、以力服人。乱：暴乱，叛乱。神：鬼神之事。

孔子不谈论怪异、暴力、叛乱、鬼神。

点点有日

从《论语》所记载的内容来看，孔子并非完全不谈论这些，只是不提倡这些而已。

第七章 述而篇

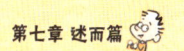

在孔子的时代，诸侯们不太崇尚礼仪，争权夺利的宫廷暴力也时有发生，而且他们对鬼神之事非常感兴趣，沉迷于用龟甲占卜。但是孔子一直都推崇"仁德"，对鬼神之事"敬而远之"。

怪力乱神也是一个成语，指关于怪异、勇力、叛乱、鬼神之类事。

虽然"子不语怪、力、乱、神"，但是人的本性就是好奇。有一本叫《子不语》的笔记小说，专门讲怪力乱神，作者是清代大才子袁枚。后来袁枚发现元朝人的说部*中有同名的，于是又改书名为《新齐谐》。书中故事来自民间传闻、亲朋口述、他人著说、现世生活及作者创作，多写鬼神精怪，也讲奇人异闻。

*说部：指古代小说、笔记、杂著一类的书籍。

三人行，必有我师焉。

"三个人同行……"

"这里面一定有可以做我的老师的人。"孔子这样说。

这是多么谦虚好学的精神啊！

谁可以结合自己的情况，为我们举例说明？点点你来。

三人啊……对了，我经常会在路上遇到我的特长班的老师。刚好，就在昨天……

钢琴老师您好！

作文老师您好！

然后我们仨就一起走了一段……

你这个例子不恰当啊。

不恰当吗？对！都怪我妈妈。她给我报太多特长班了！

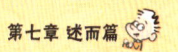

·原 文·

子曰:"三人行,必有我师焉。择其善者而从之,其不善者而改之。"

孔子说:"几个人同行,其中一定有人可以当我的老师。我选取那些优点学习,看出缺点则引以为戒,对照自己注意改正。"

点点有曰

子贡说孔子没有特定的老师["夫子焉不学?而亦何常师之有?"(论语·子张)],唐代韩愈的《师说》也说:"圣人无常师,孔子师郯子、苌弘、师襄、老聃。"

"三人行,必有我师焉。"这句几乎家喻户晓的话,现在人们也经常说。其实重点在后面一句,就是要行动起来,向别人的优点学习,看到别人的缺点后引以为戒。

子曰："天生德于予，桓魋其如予何？"

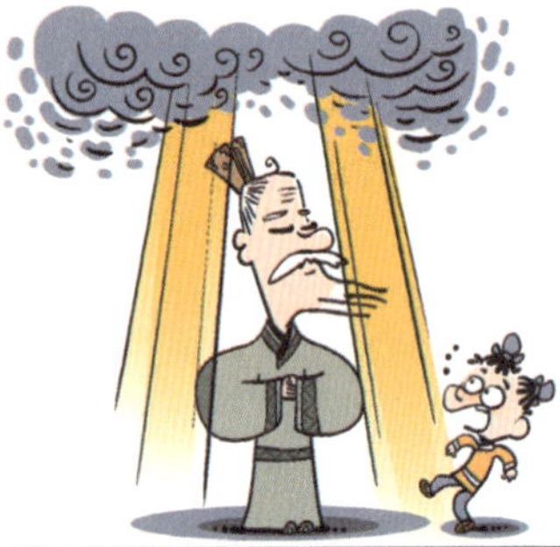

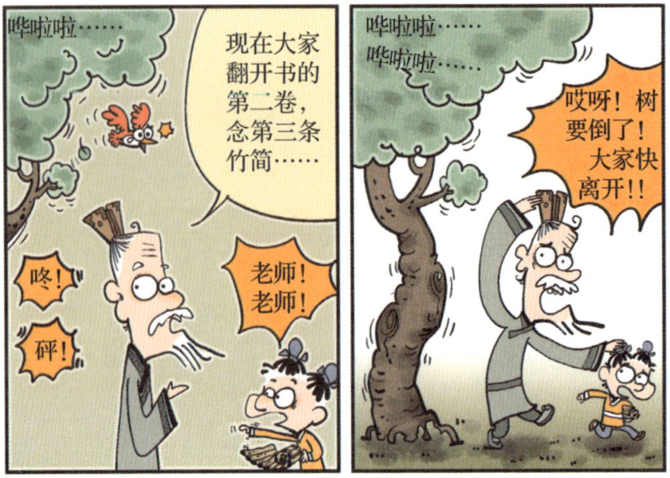

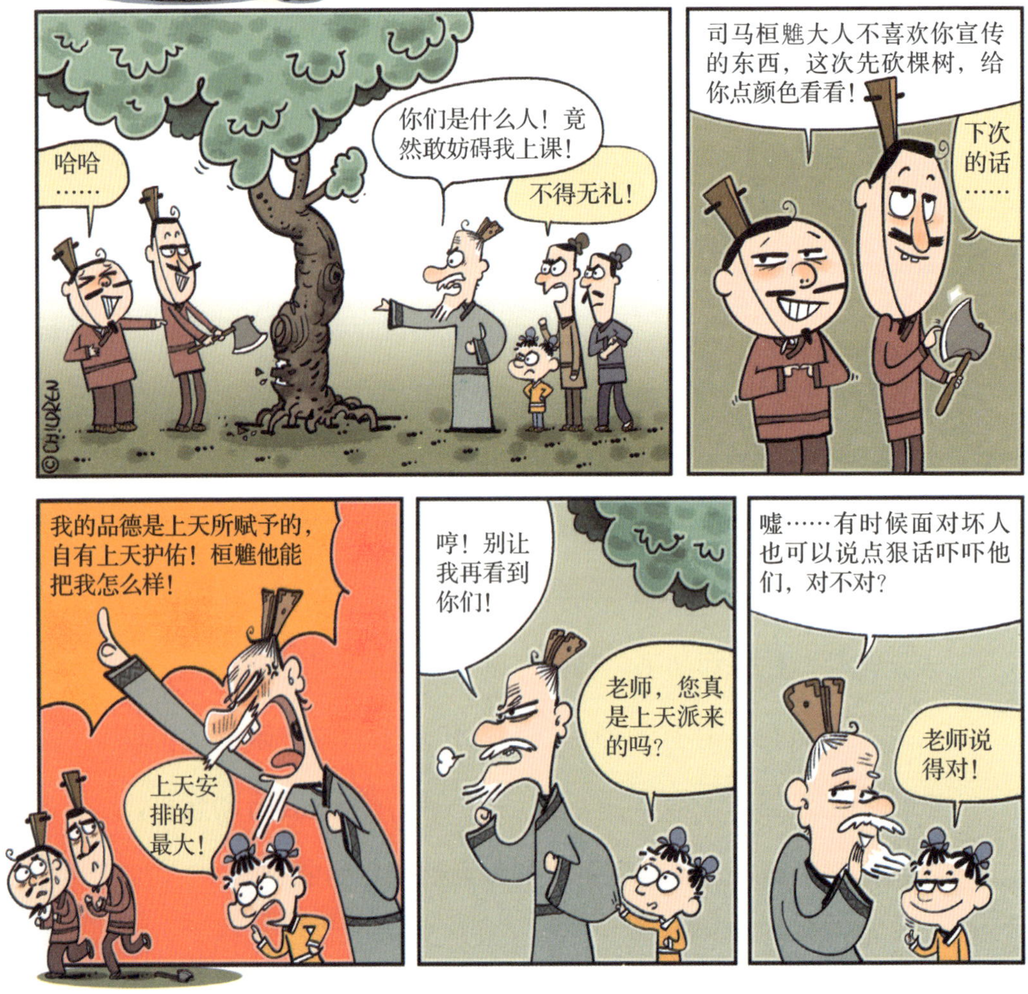

·原 文·

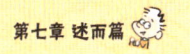

子曰:"天生德于予,桓魋①其如予何?"

注释

①桓魋:宋国的司马(主管军政的官)向魋,因为是宋桓公的后代,所以又叫桓魋。

译文

孔子说:"老天在我身上赋予了这样的品德,桓魋能把我怎样呢!"

点点有日

《史记·孔子世家》里记载了这句话的背景故事。孔子离开曹国,到了宋国,和弟子们在大树下讲习礼仪。桓魋想要杀害孔子,他先派人砍掉大树以示警告。孔子离开时,弟子

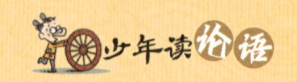

们希望他走快些。于是孔子说了这段话,表示自己"有天命在身,你能拿我怎么样"。(孔子去曹,适宋,与弟子习礼大树下。宋司马桓魋欲杀孔子,拔其树。孔子去,弟子曰:"可以速矣!"孔子曰:"天生德于予,桓魋其如予何?")

"天生德于予",反映了儒家"天人合一"的思想,即认为天道与人道是合一的。这是儒家关于天人关系的基本观点。老天安排的最大嘛,所以农民起义的时候经常说自己是"替天行道",代上天主持公道的意思。

子曰："二三子以我为隐乎？吾无隐乎尔。吾无行而不与二三子者，是丘也。"
有一次，孔子的学生怀疑孔子在传道授业的时候留了一手。
是不是老师有啥秘籍没传授给咱们？
俺也觉得……
©CHILDREN
同学们！！你们以为我是有所保留的吗？
我的学问没啥保密的！我没有什么言语行为不对你们公开的！
是啊，还有人每天记录下来写成小册子了呢！
坦坦荡荡，诲人不倦——这，就是我孔丘的为人啊！
老师我们错了！
所以说，老师都是毫无保留地把自己的知识教给你们的！
老师最棒了！
老师的知识又不会因此而变少……
毕竟……
有人很快就把它们还给老师了！

原 文

子曰："二三子以我为隐乎？吾无隐乎尔。吾无行而不与二三子者，是丘也。"

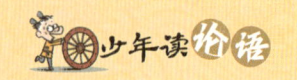

孔子说："你们这些学生以为我对你们有所隐瞒吗？我对你们没有什么隐瞒的。我没有任何行为不向你们公开的，这就是我孔丘的为人。"

点点有日

孔子作为老师，在教学上注重启发而不是直接给出答案，所以学生们有点怀疑，认为孔子在教学上有所隐瞒。孔子因此站出来解释自己是毫无保留地传授学问知识。

但是学生的疑问也不是没有道理。传说猫是老虎的师父，就是因为留了一手，没有教老虎爬树，最后才躲过老虎的谋害。俗话说"教会徒弟，饿死师父"，所以古时候师父都喜欢留一手，不肯把自己会的全部教给徒弟——结果好多"绝活"都失传啦。

亡而为有，虚而为盈，约而为泰，难乎有恒矣。
“……加强科研诚信建设，营造追求卓越、严谨求实的学术风气……”
科研诚信
NEWS 30'
爸爸？大教授……也会作弊吗？也会偷偷改考试成绩吗？
啊……是的。
孔子曾经说过……
没有假装成有，空虚的假装成充实的，贫困却假装很宽裕……这样做的人很难有坚定的操守。
总之，弄虚作假是长久不了的。
早晚会被人识破！
天哪！点点好像领悟到了！这孩子终于懂事了！
千万不要“自己骗自己”哟！
我太高兴了！我看一会儿手机再去工作……就看一会儿……
天哪！我这不也是自己骗自己嘛！
哎呀？今天这父子俩怎么都这么认真？

·原 文·

子曰："圣人①，吾不得②而见之矣；得见君子者，斯③可矣。"子曰："善人④，吾不得而见之矣；得见有恒者⑤，斯可矣。亡而为有，虚而为盈，约而为泰⑥，难乎有恒矣。"

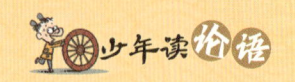

注释

①圣人：具有最高智慧和道德的人。

②得：能、能够。

③斯：就、则。

④善人：有道德的良善的人。

⑤有恒者：有恒心、有操守的人。

⑥亡：通"无"。盈：充实。约：穷困、贫乏。泰：富有，过甚。

孔子说:"圣人我是不能看到了;能够看到君子,就可以了。"孔子又说:"善人,我是看不到了;能看到有一定操守的人就可以了。没有却装作有,空虚却装作充足,本来穷困却装作富裕,这样的人就很难保持一定的操守了。"

点点有日

"圣人"和"善人"都是孔子心目中道德修养非常高的人。在春秋末期社会"礼崩乐坏"的状况下,孔子觉得这两种人都看不到了。在这样的情况下,能看到"君子"和"有恒者",他就心满意足了。

"斯可矣"意思是"就行了吧",表示孔子感慨的语气。

少年读论语

子钓而不纲,
弋不射宿。

孔子用鱼竿钓鱼……

但他从来不用大网捕鱼。

他会用弓箭射鸟……

但是他从来不射归巢栖息的鸟。

这是一种爱护小动物的精神,也是一种仁爱的精神。

环保 仁爱

关于"爱护小动物",谁还能够举例说明?

点点你来。

也算很有爱了……

我考试考砸了,我爸爸会很生气。他会狠狠地说我一顿,但是不会打我。

060

原文

子钓而不纲①，弋不射宿②。
zǐ diào ér bù gāng　　yì bú shè sù

注释

①纲：网口的总绳。用它来横断水流，绳上再系钩来钓鱼。这里作为动词。

②弋：用带生丝的箭来射鸟。宿：归巢歇宿的鸟。

译文

孔子只用鱼竿钓鱼，而不用大网来捕鱼；用带生丝的箭射鸟，但不射归巢栖息的鸟。

点点有日

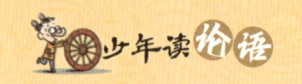

一般的箭射出去是不能收回的，正所谓"开弓没有回头箭"。但是有些打猎用的箭制作精良，十分宝贵。聪明的工匠们制作出一种带丝绳的箭，射出去后如果没有射中猎物，还能拽回来，回收再利用。不能回收的是一般的箭，称为射或弓射。能回收的这种则称弋，或弋射。

系着丝绳的箭，迄今没有见到出土实物，但在汉代画像石和画像砖上，有刻凿的图像可供参考。如河南南阳汉代画像石墓内，曾出土射箭图和弋射图。弋射图中被射中的大雁，就带着一条长绳。再对照另一幅射箭图，区别便很清楚了。

在《诗经·郑风·女曰鸡鸣》里也有"将翱将翔，弋凫与雁"，"弋言加之，与子宜之"。前一句是野鸭和大雁马上要飞走了，赶快拿"弋"去射它们。后一句是说射到了之后，和你一起烹饪美味——可能就是"铁锅炖大鹅"这种。

捕鱼的时候，"钓而不纲"；打猎的时候，"弋不射宿"。本章告诉人们要对动物心存仁爱，不可滥捕滥杀。在我国的传统观念里，人们最看重的就是人与自然的和谐，凡事都要讲求"度"。这其实就是最原始的可持续发展理念啊。

多闻，
择其善者而从之，
多见而识之。
小学童，你说你是“穿越”而来的，是不是来自比越国还遥远的地方？
您非要这样理解也不是不行。
想拜我为师？那你可得听好我这儿的学习方法！
那就是多多地听，选择其中好的加以接受；多多地看，然后记在心里。
以我的经验，每当老师有这种表情，就是要说重点句了。
我发现有的同学会记课堂笔记哟！把老师说的要点记下来，这也是很好的学习方法！
我这么多年的小学生可不是白当的。
不过，你可曾想过，我说的话也可能会有不对的地方？
啊？不会吧？
大家都称您为“圣人”呢！您说的话，怎么可能有错呢？
不不不，我是个普通人，只不过勤学好问罢了。
如果有一天，时代发生了变化，大家只要记得“择其善者而从之”这句，我也就放心啦！
嗯……好的！

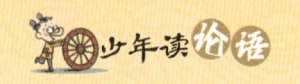

•原 文•

子曰："盖有不知而作之者，我无是也。多闻，择其善者而从之，多见而识①之，知之次②也。"

注释

①识：通"志"，记住。

②次：《论语》中"次"出现过十次，均当"差一等""次一等"讲。

孔子说："大概有自己不懂却凭空捏造的人吧，我没有这种毛病。多听，选择其中好的加以接受；多看，全记在心里。这样的知，是仅次于'生而知之'的。"

点点有日

孔子反对那种本来什么都不懂，却在那里凭空捏造假象的做法。注重实践，反对空谈，孔子自己就是这样做的。孔子的教学方法之一就是"言传身教"，想必他的学生也会这样跟着做吧！

连孔子都认为自己不是"生而知之"的天才，我们普通人更应该丢掉幻想，认真学习啦！

互乡难与言,
童子见,门人惑。
子曰:"与其进也,不与
其退也,唯何甚?
人洁己以进,与其洁也,
不保其往也。"

从前啊,有个叫"互乡"的地方。相传那里的人都不爱好好说话,专门喜欢抬杠!

难道是"互联网"之乡?

别打岔!有一天,有一名互乡的童子来拜见孔子,孔子认真地接待了他。这让孔子的学生十分疑惑。

那这个人可能是传说中的抬杠专家——"杠精"了吧!

啊?为什么?

老师!您怎么能见这种人呢?他回去准会胡说八道一番的!

我只是赞同他登门拜访,并不等于赞同他回去之后的表现,这有啥过分的?一个人愿意追求洁身自好,我很赞成的。

我也不保证他以往的表现——不管是谁,只要有一颗愿意学习的心,我都愿意指导他!

老师,您太伟大了!

不管什么人都可以接受教育,这就是孔子"有教无类"的教育理念了!

对!

在互联网上,人们隔着屏幕发表意见,更容易为一些事情互相抬杠,争吵不休。结果,大家都变成"互乡难与言童子"了啊!

所以……我就是忍不了……我,我要回去和这个人理论理论!我要与他大战三百回合!放开我!

爸爸!您控制一下自己!咱再学一下《论语》吧!

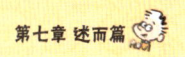

原 文

互乡①难与言，童子见，门人惑。子曰："与其进也，不与其退也，唯何甚？人洁己以进，与其洁也，不保其往也。"

注释

①互乡：地名，如今已经不知道是哪里。

译文

互乡这地方的人，难以同他们交谈，孔子却接见了互乡的一个童子，弟子们都觉得疑惑。孔子说："我是赞成他的进步，不赞成他的退步，何必做得太过呢？别人洁身自爱来要求进步，就应该赞成他的这种做法，不要死记住他过去的不好。"

点点有曰

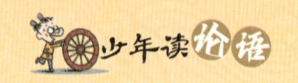

　　"人非圣贤，孰能无过"，孔子强调要宽恕他人的过错，给犯错之人改过自新的机会，并及时表扬他，鼓励他。

　　"互乡"这个地方，可能是当地方言很难听懂，又或者是当地人都不讲理、爱抬杠，所以落下"难与言"这个差评。可能这直接导致大家都不好意思承认自己是那个地方的人。也许因为这个原因，如今"互乡"是哪个地方，也查证不到了。

　　但是经常发明外人难懂的词汇，以及到处充满爱抬杠的人，这个地方不就是互联网吗？"抬杠"就是挑刺、反驳，为反对而反对，为争论而争论，总是唱反调。专业爱抬杠并且乐此不疲的人则被称为"杠精"。

　　顺便提一句，我国浙江省桐乡市的乌镇，素有"鱼米之乡，丝绸之府"之称，还是浙江省历史文化名城。2014 年起，乌镇成为世界互联网大会永久会址。我觉得"乌镇"应该可以称为"互联网之乡"了吧？

仁远乎哉？我欲仁，斯仁至矣。

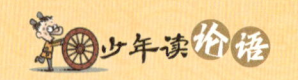

·原 文·

子曰:"仁远乎哉?我欲仁,斯仁至矣。"

孔子说:"仁德难道离我们很远吗?只要自己愿意实行仁德,仁德就会到来。"

点点有日

孔子希望大家不要把"仁"看得遥不可及,高不可攀。只要从自己做起,从身边小事做起,自然就达到"仁"之境界了。刘备在给儿子刘禅的诏书里所说的"勿以恶小而为之,勿以善小而不为"也是这个意思吧。

第七章 述而篇

子与人歌而善，必使反之，而后和之。

同学们，你们看：篆书的"乐"字，像不像架子鼓？今天我们聊聊孔子唱歌的事。

樂 → 樂 → 乐

如果孔子和别人一起唱歌……

啊呀！这人唱得真不错！

请您再唱一遍吧！

好！

然后孔子会再和他同唱一次。

如三秋兮……

一日不见，如三秋兮！

孔子总是这样虚心向别人学习。

是用这里共鸣吗？

再往下一点！

同学们，你想和孔子一起唱歌吗？

我？我是不会请孔子去唱卡拉OK的！

为什么？

我再和他唱一遍……

不要"麦霸"！

该我唱了！

071

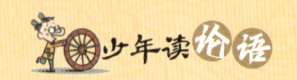

原文

子与人歌而善，必使反①之，而后和②之。

注释

①反：复，再。
②和：跟着合唱。

译文

孔子与别人一起唱歌，如果唱得好，一定会请他再唱一遍，然后自己再跟着唱一遍。

点点有日

"一唱一和"是一个成语，意思是指一个人先唱，另一个人随声应和。原形容两人感情相通，现在常用作两个人相互配合行动。

"唱"与"和"不但用在唱歌和音律上，古人也用在诗词上，比如一个人作了诗或词，别的人相应作答（通常是按照原诗词的韵），彼此以诗词赠答，称为"唱和之作"。

子疾病，子路请祷。

老师今天病重，不能来上课了，放假一天！
什么?！老师都病成这样了！我们得赶快举办一场祈祷！
子路？是你吗？
哎？老师？是我，是我！我来了！
讨厌！把老师吵醒了！
病了要祈祷……有这回事吗？
有……有的……有了！
《生活祈祷天天练》也就是《诔》上写的，遇到这种情况，“应该替您向天地神灵祈祷”。
祈祷，哼……要是祈祷有用……
©CHILDREN
我自己老早就祈祷过了!!
请勿打扰
老师这嗓门听上去中气十足，我觉得他会很快恢复健康的，不祈祷也没事！
咱们还是去村里请个大夫来给老师抓几服草药吃吧！

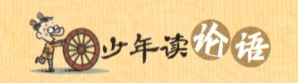

•原 文•

子疾病①，子路请祷②。子曰："有诸③？"子路对曰："有之。《诔》④曰：'祷尔于上下神祇⑤。'"子曰："丘之祷久矣。"

注释

①疾：病。病：指病情严重。"疾病"连起来，是指重病。

②请祷：向鬼神请求和祷告，即祈祷。

③诸："之乎"的合音。

④《诔》：祷告文，和哀悼死者的"诔"不同。

⑤尔：你。祇：地神。

译文

孔子病得很重，子路请求祈祷。孔子说："有这回事吗？"子路回答说："有的。《诔》文中说：'替你向天地神祇祈祷。'"孔子说："我早就祈祷过了。"

点点有日

　　人在生病，尤其是重病的时候，往往是最脆弱的，希望获得帮助，希望神明保佑。子路作为病人家属也很着急，什么忙都帮不上，于是希望替老师祈祷。不过孔子拒绝了，说自己早就祈祷过了。

奢则不孙，
俭则固。
与其不孙也，
宁固。

孔子认为，奢侈会使人不谦逊。

xùn
子小=逊

这个，这个，还有这个不要，其余的雪糕我都买了！打包！带走！

小卖部 欢迎光临

可是太节俭又会使人固陋，就是见识浅薄。

固→固陋

算了，我觉得还是喝凉白开更健康。能不花钱就不花钱！

那我们应该怎么做才对呢？奢有奢的坏处，俭有俭的坏处。

孔子说："与其不谦逊，我宁可固陋。"固陋只是显得笨一点，不谦逊则显得很无礼。

宁俭勿奢。

老师，咱就不能做一个"又特能花钱，又特别谦逊"的人吗？

可以的，可以的。希望你好好努力，达到这个境界！（老师是不行了……）

好的老师！

•原 文•

子曰:"奢则不孙①,俭则固②。与其不孙也,宁固。"

注释

①孙:通"逊",恭顺,谦让。
②固:简陋、鄙陋,这里有寒酸的意思。

译文

孔子说:"奢侈豪华就会显得骄傲,节俭朴素则会显得寒酸。与其不谦逊,宁可寒酸。"

点点有曰

对于礼,孔子的态度是"宁俭勿奢"。["礼,与其奢也,宁俭。"(《论语·八佾》)]奢侈豪华,铺张浪费,显得骄傲自大,盛气凌人;过分节俭又显得不够庄重。两者都不够好,但是相比之下,孔子觉得还是节俭更符合"礼"的精神。

君子坦荡荡，小人常戚戚。

爸爸，为什么孔子说"君子总是心胸宽广……"

"而小人却经常忧愁不安"？

啊，这句我最有体会了！

是这样的！君子相信大公无私，做事光明磊落，所以就胸怀坦荡，无忧无虑喽。

对！

而小人呢，相信自私自利，整天患得患失。你说他能不经常犯愁吗？

愁！

所以说，这就是信念的力量啊！我给你举个例子……

比如我就坚信投资股票要长线，不要盯着短期的涨跌，也不要让自己的情绪跟着股票上下波动……

老爸炒股有君子的风度啊！

假如股票下跌了，也要心情坦荡，决不发愁！

哈哈哈……好了，你快出去玩吧！

唉，我这是"钱包坦荡荡"了……已经麻木了……

原文

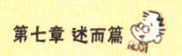

子曰:"君子坦荡荡①,小人长戚戚②。"

注释

①荡荡:广大的样子。

②戚戚:忧惧貌。

译文

孔子说:"君子的心地平坦宽广,小人却常常局促忧愁。"

点点有曰

君子光明磊落,所以心胸宽广坦荡;小人患得患失,成天算计别人,经常陷于烦恼之中。这就是君子、小人在精神状态上的不同。

"两袖清风坦荡荡,为政不廉常戚戚",在反腐倡廉的警句里也用到了这个典故。

子温而厉，威而不猛，恭而安。

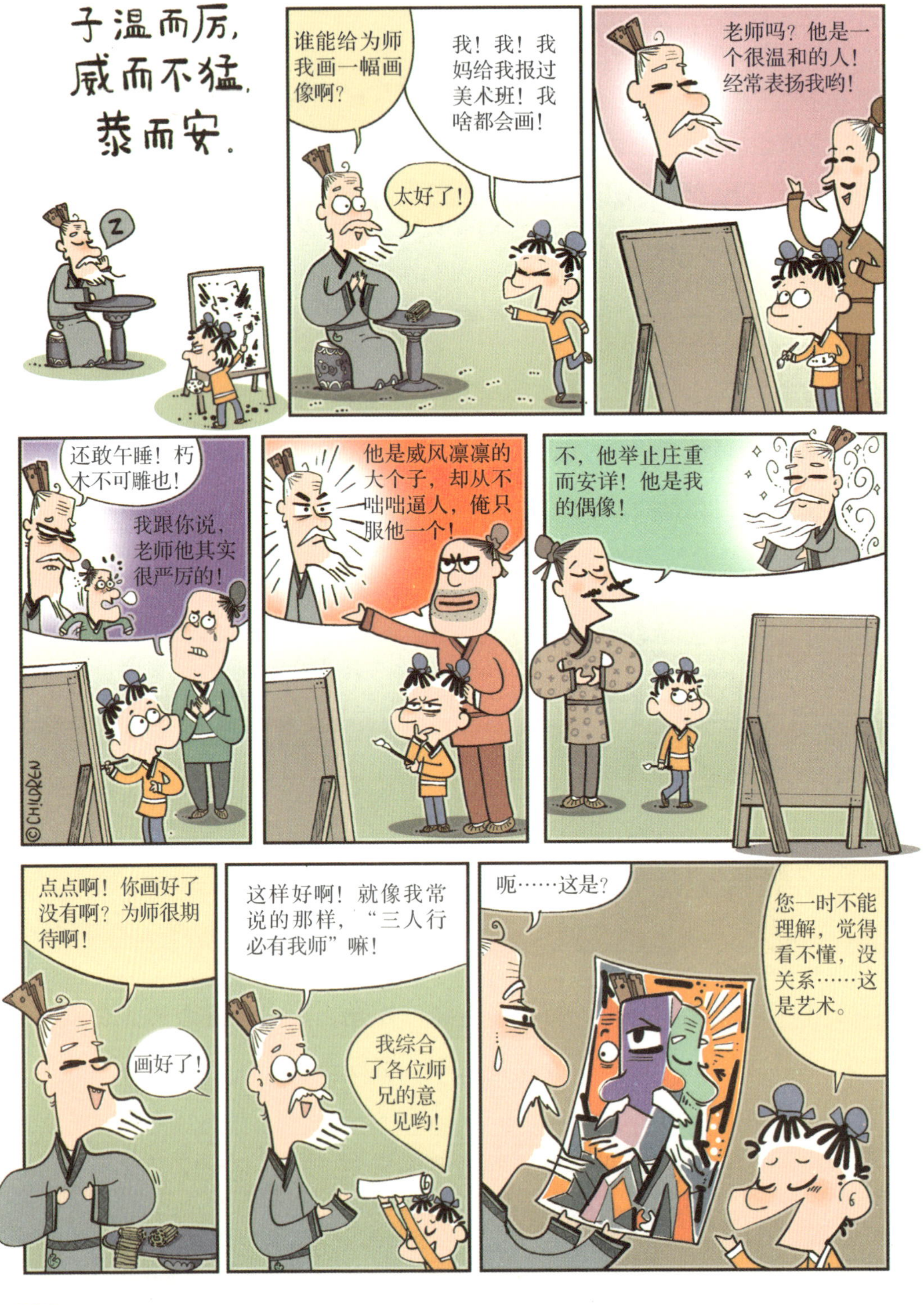

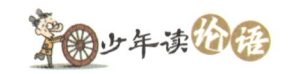

原 文

zǐ wēn ér lì   wēi ér bù měng   gōng ér ān
子温而厉，威而不猛，恭而安。

孔子温和而严厉，有威仪而不凶猛，恭敬而安详。

点点有日

司马迁说："孔子长九尺有六寸，人皆谓之'长人'而异之。"（《史记·孔子世家》）

"九尺六寸"按西汉尺*计算，大约是220厘米。官方资料里，姚明的身高是226厘米——可见古人是有点夸张。但是孔子肯定是个大个子的"山东大汉"。这样一位大汉，站在讲台上对你说"以德服人"，你肯定服。

至于面容，现在印得最多的孔子像，是《先师孔子行教像》。这画像是唐朝吴道子所画，那肯定也是想象着画的。

相貌什么的虽然都是靠想象，但是孔子的气质，却在这一章生动地刻画出来，流传至今。

这一句是孔子弟子对老师的综合印象。不管什么印象，大家一致认为孔子是好老师。

*汉朝1尺约合现在的23厘米。

第八章

泰伯篇

泰伯其可谓至德也已矣。三以天下让，民无得而称焉。

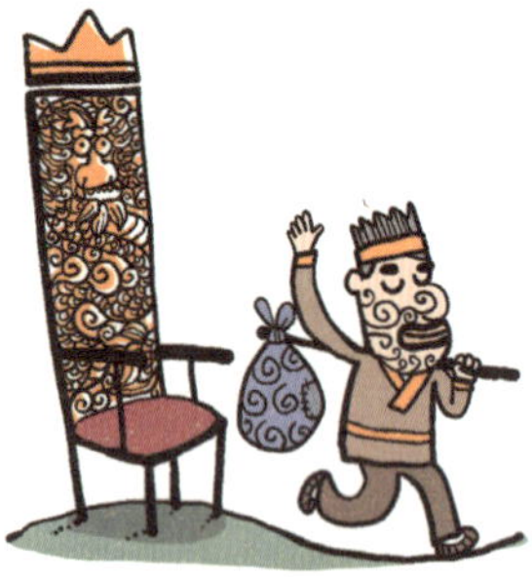

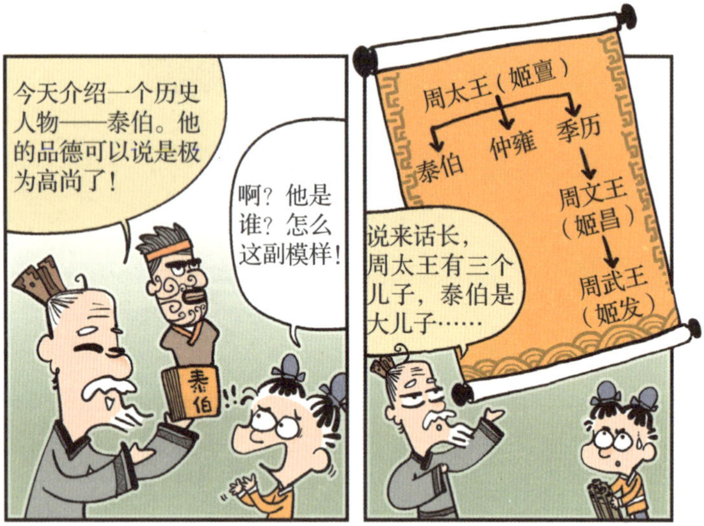

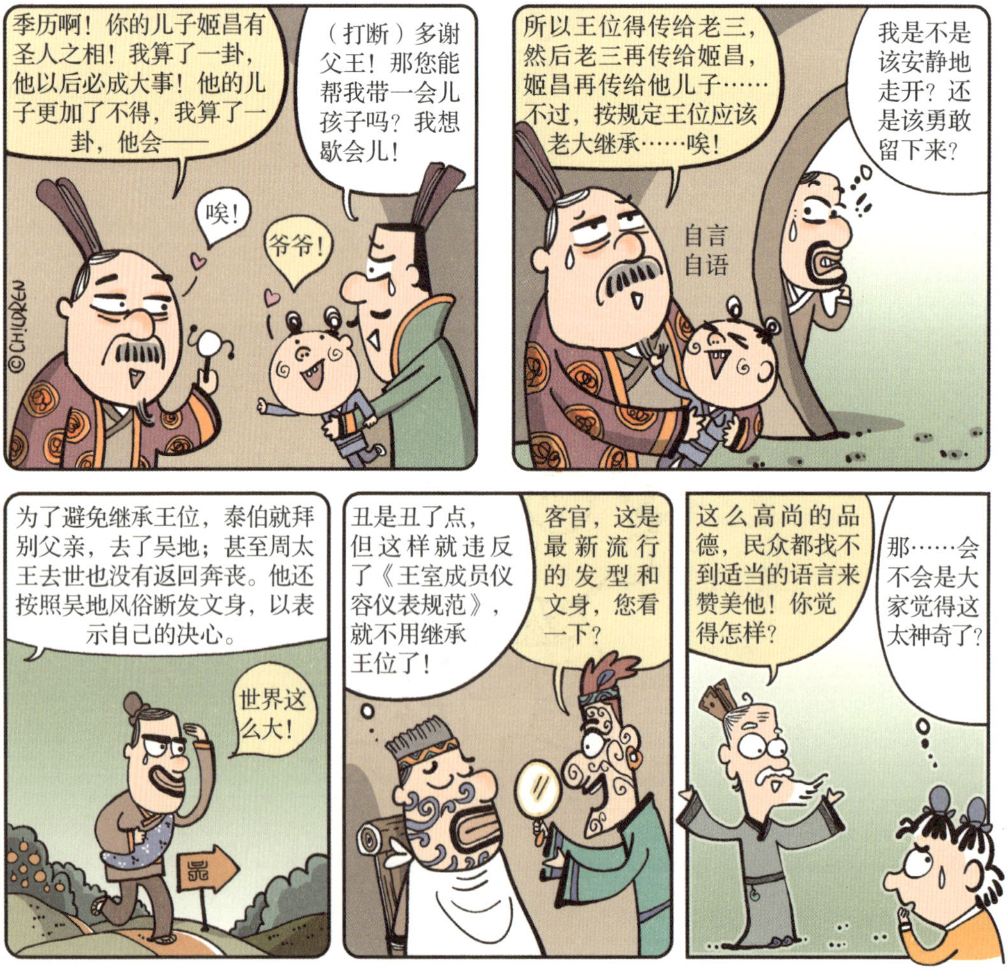

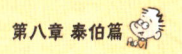

原文

子曰："泰伯[1]，其可谓至德也已矣。三以天下让，民无得而称焉。"

注释

①泰伯：又叫太伯。

孔子说："泰伯，那可以说是品德极其崇高了。他多次把天下让给季历，老百姓简直找不出恰当的词语来称赞他。"

点点有曰

说来话长，周朝的祖先是周太王姬亶(dǎn)，尊称古公亶父。古公亶父有三个儿子：泰伯、仲雍、季历。季历的儿子就是周

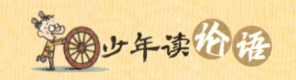

文王姬昌。传说古公预见到姬昌的圣德，想打破惯例不把君位传给长子泰伯，而是传给幼子季历。长子泰伯为实现父亲的愿望，便偕同仲雍出走他地。之后季历和姬昌顺利即位，再后来姬昌之子（也就是周武王姬发）统一了天下。

面对权力的诱惑，泰伯竟然能够主动谦让。孔子觉得泰伯是品德极其高尚的了。

至于天下，学者认为在古公亶父、泰伯的时候，周仅仅是一个小部落，这"天下"二字可能就是指当时的部落而已。泰伯不想纠缠在部落权力斗争里，带着弟弟仲雍来到句（gōu）吴，断发文身以表示自己不可以继承君位。后来泰伯不畏艰辛、勇于开拓，成了吴国的始祖。

曾子曰："以能问于不能；以多问于寡；有若无，实若虚；犯而不校。昔者吾友尝从事于斯矣。"
我有一个朋友……
师弟，你知道什么人才能真正领会咱们老师孔子的精神吗？
师兄请讲。
© CHILDREN
首先吧，他能耐很大，但是他却能向才能低的人请教；他学识丰富，却能向学识浅薄的人请教。
这不就是老师说的"不耻下问"嘛！
再一个，他虽然肚子里特有学问，但从来不显摆，一般人丝毫看不出来。
是"虚怀若谷"啊！
最后呢，如果别人无礼冒犯到他，他也不去计较。
这就是"宽以待人"啊！这都是老师一直教导我们的啊！
哎呀！师弟！你太会总结了！太对我心思了！走！放学后和哥出去喝酒吃烧烤去！
谢谢，我不能喝酒！话说这个人是谁啊？
啊？这个人就是我……我以前一个朋友！对！他就是这样一个人！
曾哥，你说的"这个朋友"，该不会就是你自己吧？
不是不是！这么优秀一个人，咋可能是我呢？
到底是谁，《论语》上没有写，谁也不知道。

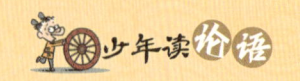

原文

曾子曰："以能问于不能；以多问于寡；有若无，实若虚；犯而不校①。昔者吾友②尝从事于斯矣。"

注释

①校：计较。

②吾友：历来的注释家都认为是指颜回。

译文

曾子说："有才能却向没有才能的人请教，知识丰富却向知识少的人请教；有学问却像没学问一样，满腹知识却像空无所有一样；即使被冒犯，也不计较。从前我的一位朋友就是这样做的。"

点点有日

　　不耻下问，虚怀若谷，同时还能宽以待人，不和人计较。这么优秀的人到底是谁呢？曾子说是他的一位朋友，历来的注释家都认为是在说颜回。

　　不过我遇到不好意思咨询别人的事情，也会假装说"我有一个朋友……"。不知道曾子是不是也是不好意思表扬自己，才这么说的。

曾子曰："可以托六尺之孤，可以寄百里之命，临大节而不可夺也。君子人与？君子人也。"

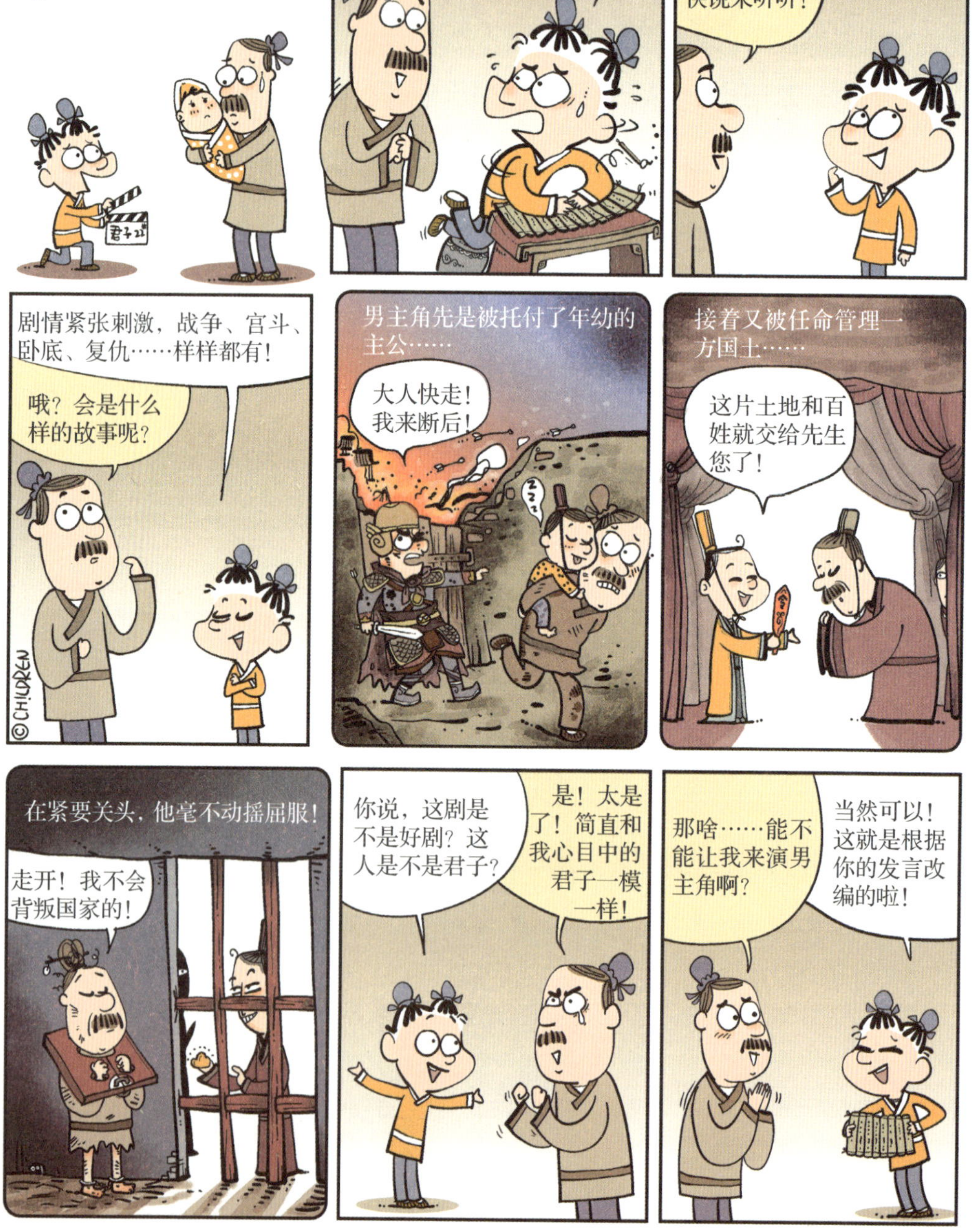

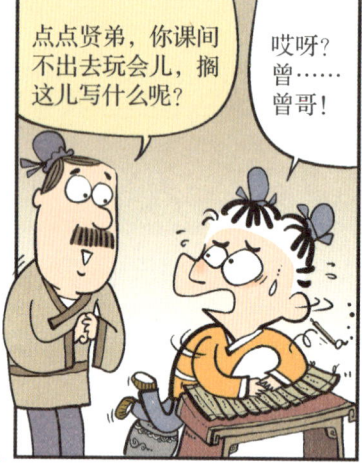

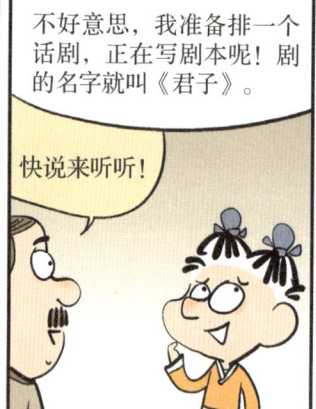

·原 文·

曾子曰:"可以托六尺之孤①,可以寄百里②之命,临大节而不可夺也。君子人与③?君子人也。"

注释

①六尺之孤:古人以七尺指成年,六尺指十五岁以下的小孩。
②百里:指方圆百里的诸侯大国。
③与:通"欤",表疑问的语气词。

译文

曾子说:"可以把幼小的孤儿托付给他,可以将国家的命脉寄托于他,面对安危存亡的紧要关头,却不动摇屈服。这样的人是君子吗?是君子啊。"

点点有日

六尺是多少呢?古代尺短,六尺大约是今天的一百三十八厘米。身长六尺的人还算是小孩;但是,只要再长高一尺,就是"七尺男儿"了,就只能靠自己啦。

曾子曰：「士不可以弘毅，任重而道远。」

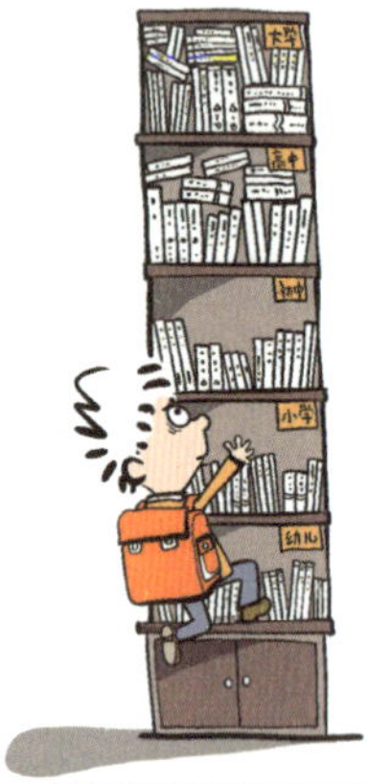

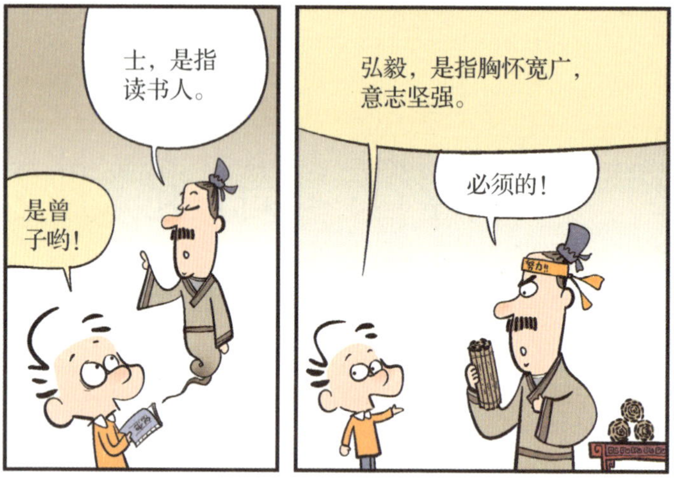

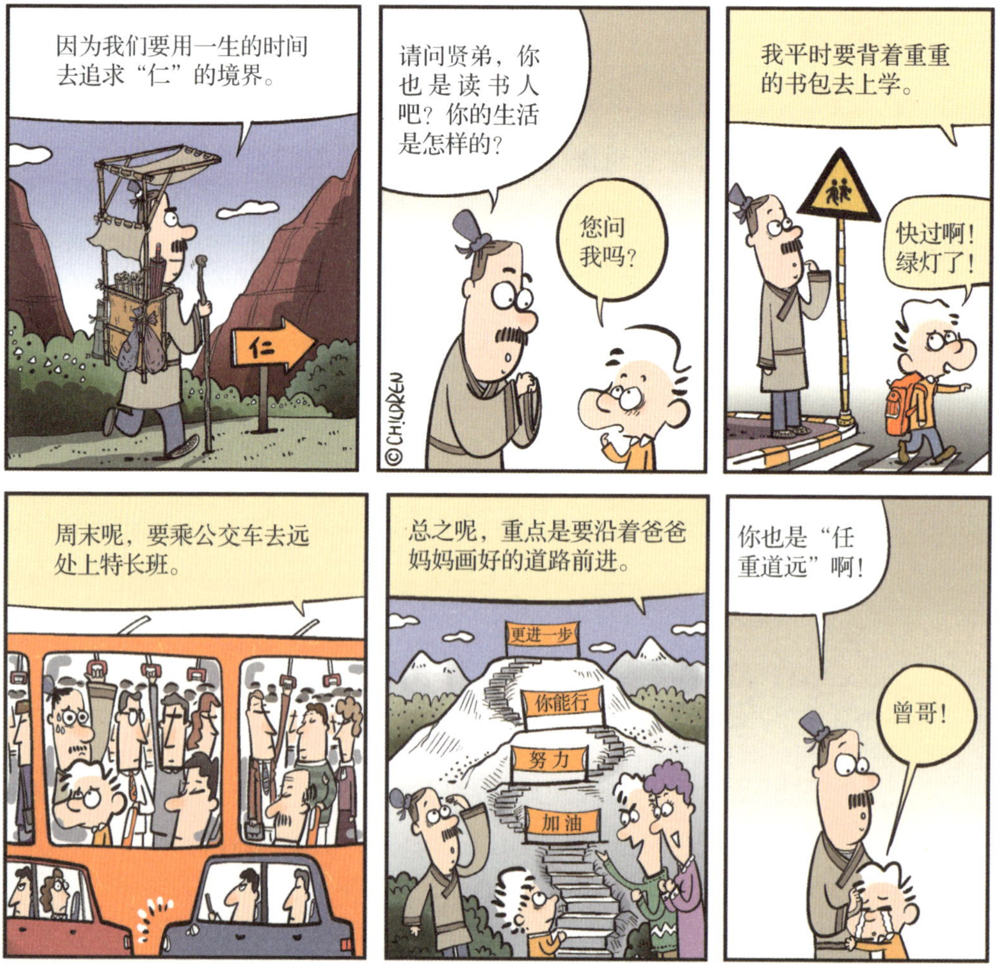

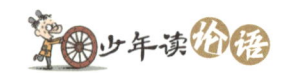

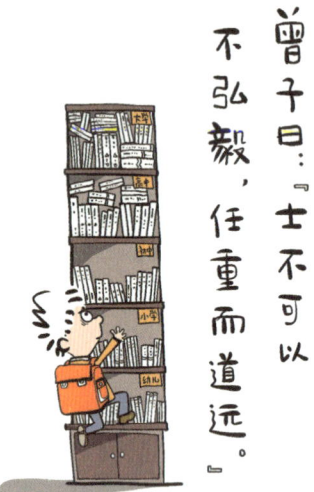

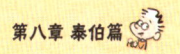

•原 文•

曾子曰:"士不可以不弘毅①,任重而道远。仁以为己任,不亦重乎?死而后已,不亦远乎?"

注释

①弘毅:抱负远大,意志坚强。

译文

曾子说:"读书人不可以不刚强而有毅力,因为他肩负的任务重大而路程遥远。以实现仁德作为自己的任务,难道不重大吗?到死方才停止,不也遥远吗?"

点点有日

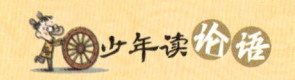

这段话也非常有名，可能每个心怀理想的人，读到这一句的时候，都会感同身受。任重道远，死而后已，现在都是成语了。

先秦时期，根据社会地位的不同，将人分为十等：王、公、大夫、士、皂、舆、隶、僚、仆、台（《左传》），其中"士"是统治阶层的最下层。孔子及其弟子，大多属于这一阶层。孔子希望弟子们成为忠孝仁义的人、有学识的人、有礼貌的人，不贪恋物质，不追求安逸，坚持仁义正直，做社会的中坚和精英，争取以仁来治国平天下。

子曰："不在其位，不谋其政。"
点点小学童，有一天你会学有所成，走上社会，去自食其力，独立生活。
我不想毕业，也不想工作。
不，你想！
老师，我错了！
©CHILDREN
很好。那么我就传授一点职场心得给你。就是"不在这个职位上，就不要考虑这个职位上的事"。
在小本本上记下来！
老师，这就是"少管闲事"的意思吗？
非也。
重点是各司其职，做好本职工作，不要越权，对其他人指手画脚。
老师，也有人说过，"不想当将军的士兵不是好士兵"。
哎呀，这句话也说得挺对的！
可是，老师，到底哪一句对啊？这不是和您说的矛盾了吗？
不矛盾。在什么时候用哪一句，也是学问啊！等你长大了就明白了……
大人好难懂……

•原 文•

子曰："不在其位，不谋其政。"

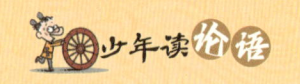

孔子说："不在那个职位上，便不考虑它的政务。"

点点有日

"不在其位，不谋其政"涉及"名分"的问题。不在其位而谋其政，就有僭越之嫌，属于"犯上作乱"。"不在其位，不谋其政"就是要"安分守己"。孔子希望维护社会稳定，就要有规则和秩序。

如果从分工协作的角度来理解的话，它是在告诉我们，要各司其职，做好本职工作，不要侵犯别人的职权。当然如果你的能力很强，想要追求卓越，你也可以尝试一下拿破仑的名言："不想当将军的士兵不是好士兵。"

后来，网络上甚至开始流行"不想当裁缝的厨师不是好司机"这句话，恐怕孔子看了都不知道说什么好。

学如不及，犹恐失之。

谁来讲讲自己在学习和生活中最怕什么？豆豆同学？
哎？全班第一的豆豆同学啊……
啊？老师，我最怕的是……
我的名次下降，被其他同学超过！
1
2
3
4
5
啊……你不要太看重名次啊！你呢，点点同学？
我？我最怕……考试的时候就忘光光。还有……
我们家的小E——我的蜥蜴好友——最怕它的网友发现它其实不是恐龙。
停！
还有，就是我爸！他最怕他放钱的地方被别人发现！但是有一次，我——
我们回过头来看看孔子吧！孔子学习起来就好像在追赶什么，生怕追不上。
赶快学！赶快学！时间过得好快啊！
学会以后又怕失去，因此他经常巩固复习。
啊，还应该再复习一下！
©CHILDREN
对比一下，我们可以领悟到一些什么呢？
“家家都有本难念的经”？

·原 文·

子曰:"学如不及,犹恐失之。"

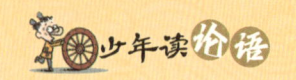

译文

孔子说:"学习(就像追赶什么似的)生怕赶不上,学到了还生怕会丢失。"

点点有日

孔子认为做学问要不断地追求和探索。他觉得真正有志于学的人,应当有着唯恐学不到、唯恐学不会的紧迫感。古人云"学如逆水行舟,不进则退"。

如今网络时代,信息更新更快了,不注重学习,必然会落后。家里的老年人也容易学了就忘,我们也得多帮助他们啊。

第九章 子罕篇

达巷党人曰："大哉孔子！博学而无所成名。"子闻之，谓门弟子曰："吾何执？执御乎？执射乎？吾执御矣。"

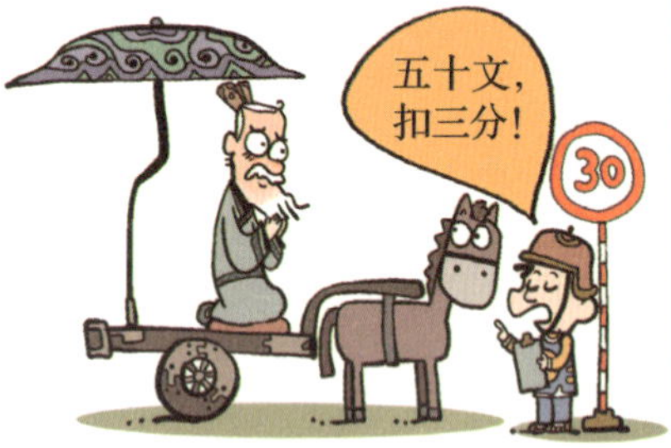

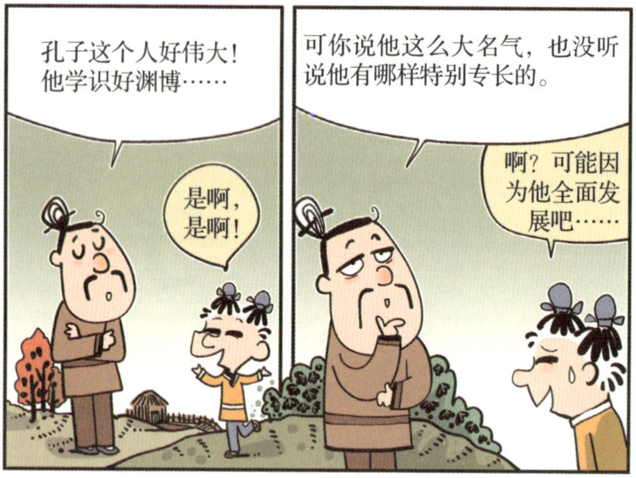

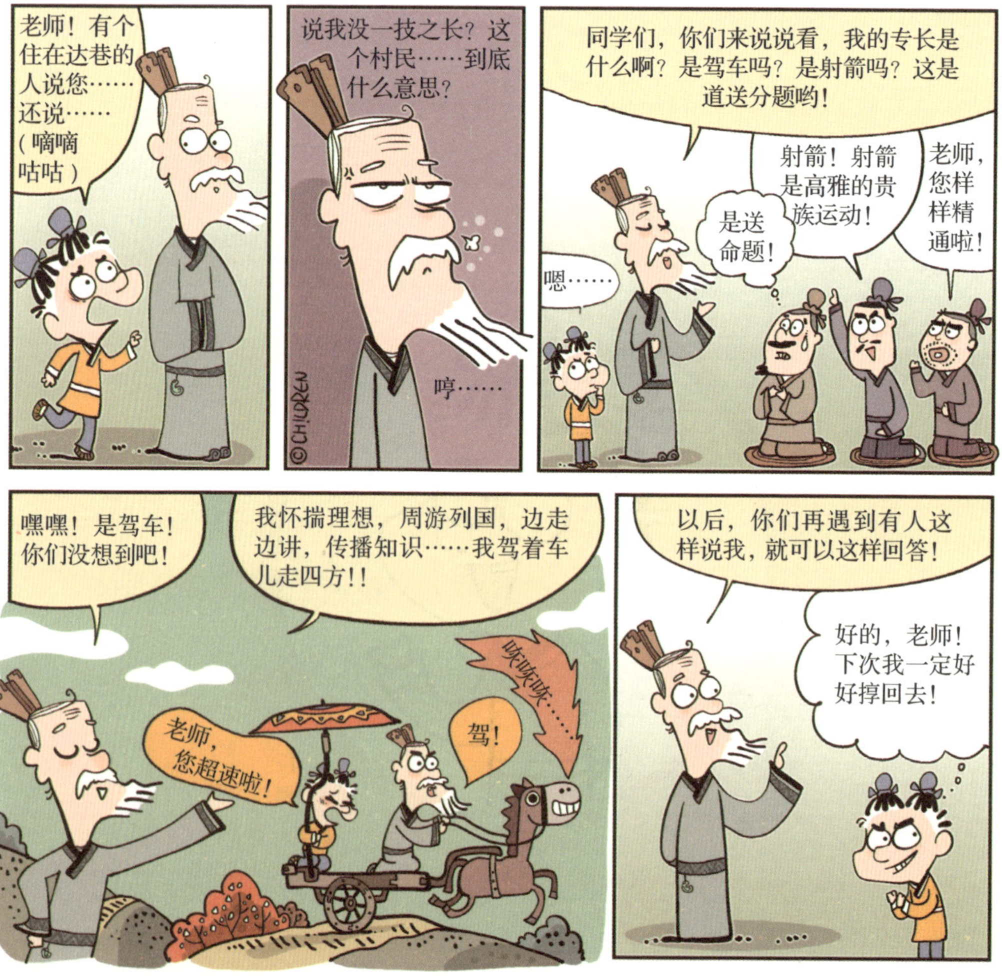

原文

达巷党①人曰:"大哉孔子!博学而无所成名。"子闻之,谓门弟子曰:"吾何执?执御乎?执射乎?吾执御矣。"

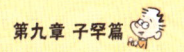

注释

①达巷党:达,地名。巷党,乡里。

译文

达巷有一个人说:"孔子真是伟大!学问广博,可惜没有足以树立名声的专长。"孔子听了这话,对弟子们说:"我专长什么好呢?是去驾马车呢,还是去当射箭手呢?我还是驾马车吧!"

点点有曰

"知识面广但是没有一件是专长。"面对这种评论,孔子没有生气,反而谦虚地表示,"礼、乐、射、御、书、数,这六项基本功我全会,可我最擅长的是驾车"。按照朱熹的注解,射、御都在六艺之中,但善射者位尊,而执御者卑。孔子的意思可能是说,我连最末流的"御"都很擅长——高调的谦虚,也是一种炫耀。

子曰："麻冕，礼也；今也纯，俭，吾从众。拜下，礼也；今拜乎上，泰也。虽违众，吾从下。"

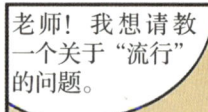

老师！我想请教一个关于"流行"的问题。

啊……就是我有一个朋友，他呢……不喜欢男生中流行的东西。可是他又害怕这样会失去朋友，被同学孤立。他应该怎么办呢？

游戏……级别……段位……王者……

你知道吗？以前礼仪中用到的礼帽，是用麻制成的。但是麻很难加工，费时费力。

所以市场上的麻冕才那么贵！

现在流行用黑色的丝绸来制作冕，称为"纯冕"。纯冕可就便宜多了。

我喜欢节俭！于是我也紧跟潮流买了一顶！

签收！

按照礼仪，面见君主的时候，应当先在堂下跪拜。

现在流行直接去堂上跪拜……这就很倨傲了。即使违背多数，我依然坚持在堂下跪拜。

在老师心中，省钱是小事，但是态度可是大事。

所以要不要紧跟流行，自己心里要有主见。和你的那位"朋友"好好聊聊吧！

原文

子曰："麻冕①，礼也；今也纯②，俭③，吾从众。拜下，礼也；今拜乎上，泰④也。虽违众，吾从下。"

注释

①麻冕：麻织的礼帽。

②纯：黑色的丝。

③俭：用麻织帽子，比较费工，所以说改用丝织是俭。

④泰：骄纵。

孔子说："用麻来做礼帽，这是合乎传统的礼的；如今用丝来制作礼帽，这样省俭些，我赞成大家的做法。臣见君，先在堂下磕头，然后升堂磕头，这是合乎传统礼节的；现在大家都只是升堂磕头，这是倨傲的表现。虽然违反了大家的做法，我仍然主张要先在堂下磕头。"

点点有日

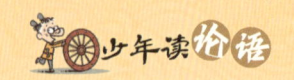

根据礼法规定，用麻做礼帽，需要两千四百缕经线。而麻线较粗硬，必须织得非常细密，制作起来非常费工。丝线细而柔软，容易织成，反而省时省力，价格因此也更加便宜。"便宜就是好"，孔子的观点和我妈一样。如果孔子看到现代的织布机几十支梭上下飞舞，一分钟织好几米，他可能就更赞成啦！

第九章 子罕篇

君子多乎哉？
不多也。

夫子是圣人吧？可是他为什么这样多才多艺呢？

太宰大人，是上天使我的老师成为圣人，同时呢，又让他多才多艺。没办法，上天安排的最大嘛！

原来如此！

要让世人知道，我的老师是天才！老师最完美！我最崇拜老师！

哎呀！老……老师！

子贡啊！你又在外面替我吹牛！太宰不了解我，你咋也不了解我呢？

我出身卑贱，所以年轻时学会了不少谋生的本事。我做过小吏，管过仓库，喂过牛马，还到处跑找工作……

那些"君子"需要这么多技能吗？其实是不需要这么多的啦！

是！

这里的"圣人""君子"都指出身高贵的贵族。

后来"多乎哉？不多也"慢慢成了我们班的流行语。

同学们，大家平心而论，我布置的这点作业，算多吗？

"多——乎哉？不多——也！"

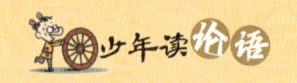

·原 文·

太宰①问于子贡曰:"夫子圣者与?何其多能也?"子贡曰:"固天纵②之将圣,又多能也。"子闻之,曰:"太宰知我乎!吾少也贱,故多能鄙事③。君子多乎哉?不多也。"

注释

①太宰:官名,辅佐君主治理国家的人。

②纵:使,让。

③鄙事:指技艺。技艺属于小道,因此称为"鄙事"。因为不足以与圣人的才能联系在一起,所以太宰有这样的疑问。

太宰向子贡问道：“孔夫子是圣人吗？为什么他这样多才多艺呢？”子贡说：“这本是上天想让他成为圣人，又让他多才多艺。”孔子听了这些话，便说："太宰知道我啊！我小时候穷苦，所以学会了不少鄙贱的技艺。真正的君子会有很多技艺吗？是不会的。"

点点有曰

春秋时期，有身份地位的人都得学习安邦治国的高级课程，而不会学习一些谋生技艺的。孔子这么伟大，不应该这么"多才多艺"。孔子倒是光明磊落，对自己出身贫贱的事情毫不隐瞒，坦诚地讲述了自己的苦难经历，说是为了生存才学会这么多技艺的。

太宰这么试探地问，是不是显得很"八卦"？但是孔子用自己的坦率打败了他的企图！

仰之弥高，钻之弥坚。
颜渊十分崇拜自己的老师孔子。有一次，他感叹孔子的学问博大精深，他说——
老师的学问啊，就好像那高山！你抬头仰望，越发觉得它高！
跟着老师努力钻研啊，越是钻研，越觉得深！
我觉得颜渊很会拍老师的马屁啊！
不，颜渊是真心觉得老师很伟大。然后觉得自己应该更加努力学习，更加深入钻研。
明白了！
老师！我对您也非常崇拜！您平时说的话我都牢牢记住了！我也决心更加努力地学习！
©CHILDREN
很好！老师很高兴！那……咱们把书收起来，这节课先不上新课了，我们……
我还经常为您的朋友圈点赞呢！
拿出纸和笔，开始小测验！首先是默写……
瞧瞧，颜渊这样说，被写进了《论语》里；我这样说，就得到这个……

·原 文·

颜渊喟然叹①曰："仰之弥②高，钻之弥坚。瞻之在前，忽焉在后。夫子循循然③善诱人，博我以文，约我以礼，欲罢不能。既竭吾才，如有所立卓尔④。虽欲从之，末⑤由也已。"

注释

①喟然：长叹的样子。叹：赞叹。

②弥：更加，越发。

③循循然：有步骤地。

④卓尔：高高直立的样子。

⑤末：无。

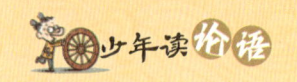

颜渊感叹地说:"老师的学问道德,越抬头看,越觉得高;越努力钻研,越觉得深。看着好像在前面,忽然又到后面去了。(虽然这么高深和难以捉摸,可是)老师善于有步骤地引导我,用各种文献来丰富我的知识,用礼来约束我的行为,我想要停止学习都不可能。我已经用尽自己的才能,似乎大道高高立在我的前面。虽然想要追随,却找不到可循的路径。"

循循善诱,指善于引导别人进行学习。

孔子处处因材施教,对不同的学生,采用不同的教育方法。他还特别擅长启发式教育,希望学生积极思考举一反三,自己得出结论。

孔子真是伟大的教育家,无愧"万世师表"这样的称号。

第九章 子罕篇

"子欲居九夷。或曰:'陋,如之何?'子曰:'君子居之,何陋之有?'"

有一次,孔子想去九夷地区去居住。

九姨?

大概就是当时有其他古代民族居住的东部偏远地区。

哦。

北狄 西戎 中 东夷 南蛮

古代人的地理观念

我猜他是觉得大城市的人都不理解他。

会不会是大城市的房子太贵?

有人就劝他别去。

那儿太简陋啦!咋能去那儿呢?

简陋怕什么!君子住在那儿,有什么简陋的呢?

后来呢?

后来孔子并没有去。

为什么?

我猜是因为那时候没有电脑,也没有网络,孔子不能远程教学。所以他那一大堆学生也得跟着去……孔子想了想就算了。

倒也是!

没有电……没有电视,没有网络,没有手机和电脑!!真不知道几千年来古代人是怎么熬过来的!

那他们倒是可以慢慢琢磨着发明这些东西。

111

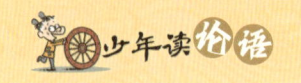

·原 文·

子欲居九夷①。或曰："陋，如之何？"

子曰："君子居之，何陋之有？"

注释

①九夷：泛指东边的部落聚居地。

孔子想搬到九夷去住。有人说："那地方非常简陋，怎么能居住呢？"孔子说："有君子住在那儿，怎么会简陋呢？"

点点有曰

孔子认为君子具有良好的仁德修养，是不怕环境简陋的；同时君子去这些地方居住，传播文化知识，开化人们的心智，教以文明礼仪，也会改变当地的文化环境。刘禹锡《陋室铭》说"孔子云：'何陋之有？'"，就是出自这里。

逝者如斯夫！不舍昼夜。
点点！你怎么还在玩游戏！作业写完了吗？
你啊你，一玩起游戏就忘记了时间！还不给我放下鼠标?!
我……我存盘。
你知道吗？有一次，孔子在河边，看到奔流的河水，他说——
时间啊时间！就好像这流水一般，日日夜夜，不停地逝去！
不行！我看你还是没理解“时间如流水”的含义！
爸爸！明天是星期天，还有一整天时间呢！让我再玩一会儿吧！
YES
NO
©CHILDREN
不行！我忙得很……不行……
那您带我去河边好好理解理解呗！
不用去河边，咱可以看……
去河边！去河边！
新闻！时间逝去如流水，新闻转眼变旧闻。主持人曾经也是帅小伙，现在变成秃头大叔！
NEWS
!
还是你有说服力啊！
感谢您的收看……
NEWS

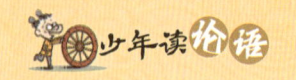

·原 文·

子在川上曰:"逝者如斯夫!不舍昼夜。"

孔子站在河边,感叹说:"消逝的时光就像这河水一样!日夜不停地流去。"

点点有日

常言道,"光阴似流水",说的就是这个情形吧!

法国思想家伏尔泰曾出过一个谜语:世界上哪种东西是最长又是最短的,最快又是最慢的,最能分割又是最广大的,最不受重视又是最值得惋惜的?没有它,什么事情都做不成。它使一切渺小的东西归于消失,使一切伟大的东西生命不绝。答案就是时间。

形容时间迅速流逝的成语也很多,有似水流年、光阴似箭、日月如梭、白驹过隙……看起来真是触目惊心啊!

譬如为山，未成一篑，止，吾止也；譬如平地，虽覆一篑，进，吾往也。
怎样才能实现自己的目标呢？比如我们打算堆一座小土山……
这个容易！
施工图
差一筐土就完成，却停下来了。这是我们自己半途而废了啊！
累死我了！我不干了！
别走啊！
99.9%
©CHILDREN
再比如，我们计划在平地上堆土成山……
从零开始，我能行吗？
即使是刚刚倒下一筐土，也是在向目标努力前进。
这也是我们自己在不断坚持啊！
加油！
0.1%
老师，原来这就是“功亏一篑”这个成语的由来啊！
没错！俗话说，“态度决定一切”！
!!
想要达成自己的目标，不但要努力，还要有持之以恒的精神才行啊！
老师，您年轻的时候是不是也在工地上干过活啊？
是啊……所以我才更能体会人间的疾苦哟！

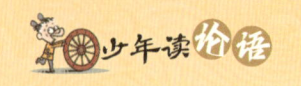

·原 文·

子曰："譬如为山，未成一篑①，止，吾止也；譬如平地，虽覆一篑，进，吾往也。"

注释

①篑：盛土的竹筐。

孔子说："好比堆土成山，只要再加一筐土，山就完成了，这时停下来，是我自己要停下来的。又好比在平地上堆土成山，纵然是刚刚倒下一筐土，如果决心继续，还是要自己去坚持。"

点点有日

"功亏一篑"是一个成语，最早出自《尚书·旅獒》："为山九仞，功亏一篑。"一次，西方的旅国给周武王送来几只獒犬，周武王非常喜欢。召公担心周武王玩物丧志，就写了一篇文章劝谏他。比如堆一座九仞高的土山，只缺少一筐土没有加上去，山就没有堆成。做任何事情，都要持之以恒，哪怕是还差最小的一步，也要坚持努力，把事情完成，才能取得真正的成功。

九仞是多少呢？仞是古代计量单位。周朝的一仞是七尺，也有说是八尺的。总之，九仞形容极高或极深。到后来大家还嫌不过瘾，就用了万仞。"黄河远上白云间，一片孤城万仞山。"（唐·王之涣《凉州词》）

苗而不秀者有矣夫！秀而不实者有矣夫！

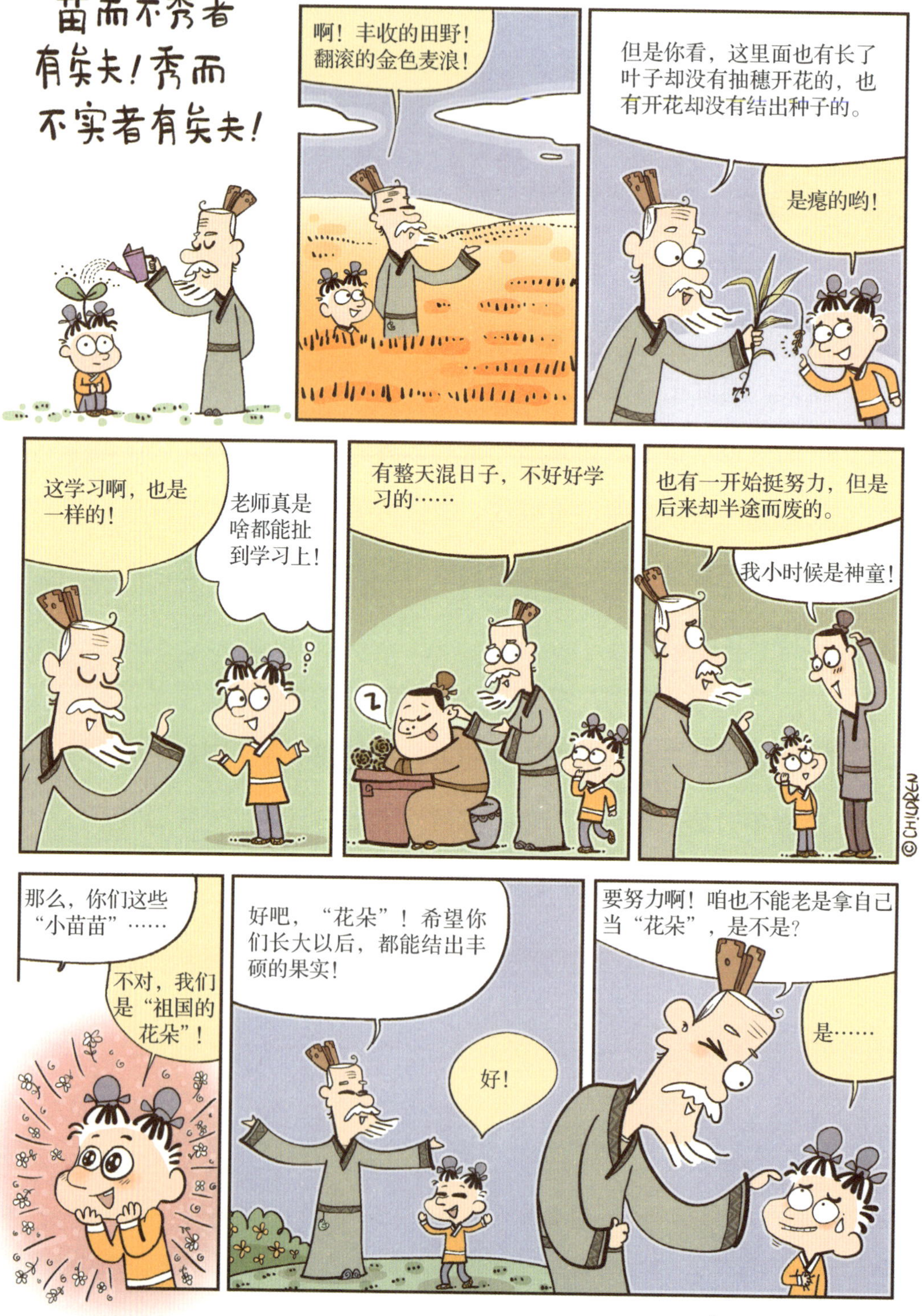

·原 文·

子曰:"苗而不秀①者有矣夫!秀而不实②者有矣夫!"

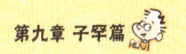

注释

①苗:庄稼出苗。秀:吐穗开花。

②实:结果实。

孔子说:"庄稼只长苗却不吐穗开花,有过的吧!吐穗开花了却不结果实,有过的吧!"

点点有日

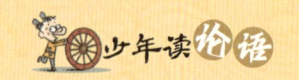

秀这个字的部首是"禾",这里是指禾本科的庄稼抽穗开花。拿小麦来讲,小麦的花排列为复穗状花序,通常称作麦穗。每个麦穗上有很多小穗,小穗包含两枚颖片(小穗基部的苞片)和三至九朵小花。一朵花的开花时间并不长,如果风恰好送来花粉,能够授粉成功,就可以结一粒麦子。所以辛辛苦苦把麦子养到开花,突然遭受灾害颗粒无收的情况也是常有的事情。

孔子用庄稼的生长过程来比喻一个人的学习过程。孔子看到很多人半途而废,告诉我们成功不易,绝不能半途而废,更不能功亏一篑。

第九章 子罕篇

后生可畏

你看这世界变化多快啊!想当年我小的时候……

在村里面瞎玩

你给我下来!

在地上玩泥巴

现如今你看咱们儿子……

去参加夏令营

这不能上去!

在陶艺班学习

比我那时候可强多了!

真是后生可畏啊!不知道他们长大以后会有什么变化。

"畏"?我倒是不畏,就是我的钱包畏。

怕他长不大,又怕他飞快长大离开我们……

121

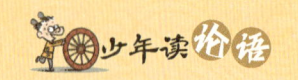

·原 文·

子曰:"后生可畏,焉知来者之不如今也?四十、五十而无闻焉,斯亦不足畏也已。"

孔子说:"年轻人是可敬畏的,怎么能够断定他们将来赶不上现在的人呢?一个人如果到了四五十岁的时候还没有什么名望,这样的人也就不值得敬畏了。"

点点有曰

孔子虽然觉得古代的周朝样样都好,但是也觉得年轻人不可轻视。另外,他也提醒学生要珍惜年轻的好时光,等到了四五十岁,体力衰弱,就难以成就大事了,正所谓"成名要趁早"。

古人寿命短,四五十岁就已经是很老的人了。新中国成立初期我国人均预期寿命仅为 35 岁。由于我国卫生健康事业的不断发展,国家统计局数据显示,在 2021 年我国人均预期寿命已经达到 78.2 岁——不过还是要趁年轻多努力啊。

三军可夺帅也，匹夫不可夺志也。

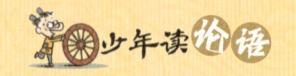

原　文

子曰："三军①可夺帅也，匹夫②不可夺志也。"

注释

①三军：军队的统称。
②匹夫：泛指普通老百姓。

译文

孔子说："一国的军队，可以使它丧失主帅；一个普通人，却不能强迫他放弃志向。"

点点有曰

"三军可夺帅也，匹夫不可夺志也"，是传诵千古的名言。《孙子兵法·军争》中说："三军可夺气，将军可夺心。"在激烈的战争中，有可能突然士气崩溃，兵败如山倒，将军转眼变成阶下囚。但是一个人只要坚持自己的信念，谁也不能让他屈服。

这可能就是一个普通人"最后的倔强"吧。

岁寒，然后知松柏之后凋也。

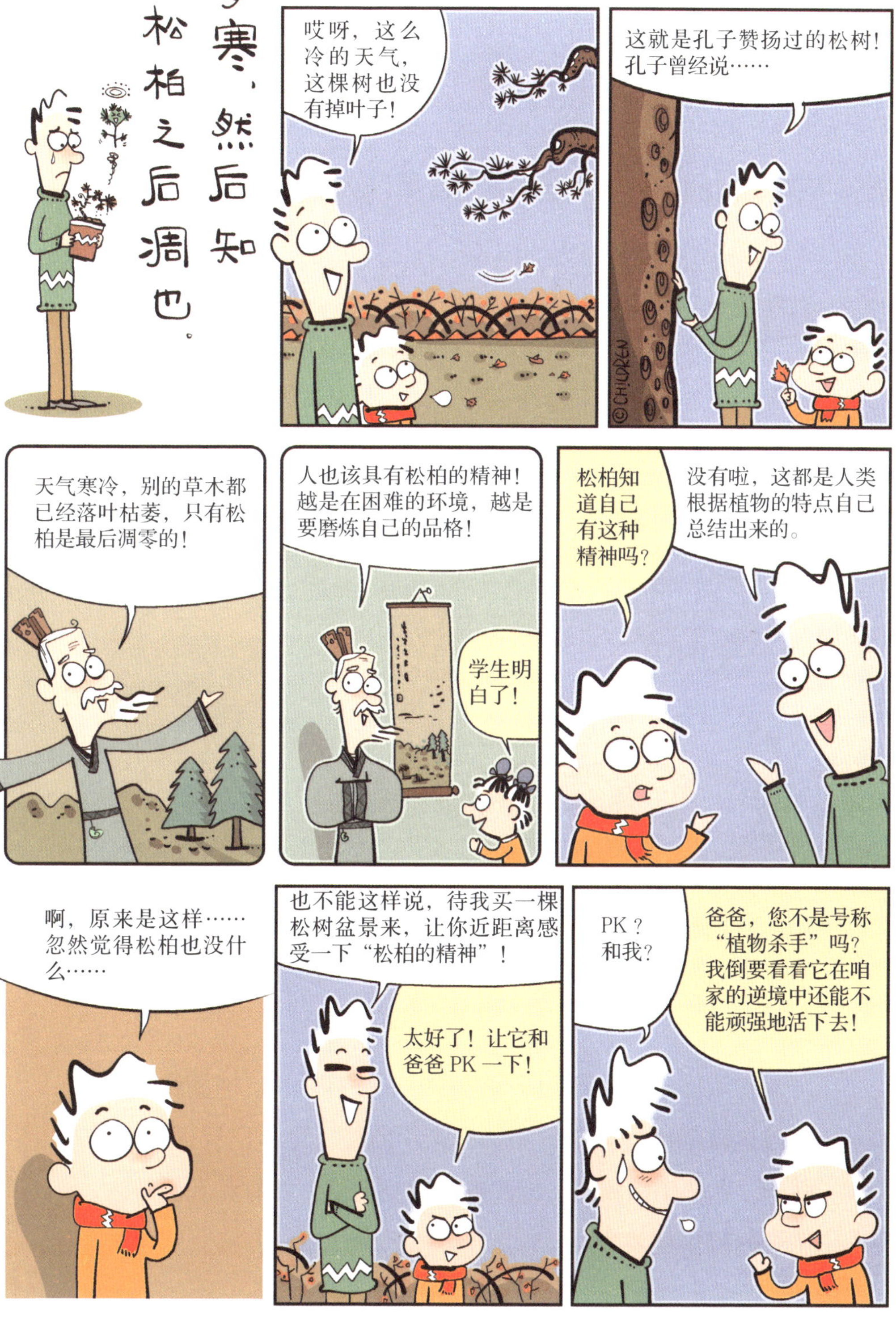

原文

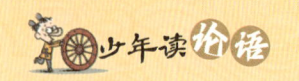

子曰:"岁寒,然后知松柏之后凋①也。"

注释

①凋:凋零。

译文

孔子说:"寒冷的季节到了,才知道松柏的叶子是最后凋零的。"

点点有日

孔子用松柏的耐寒属性,来比喻人不畏困苦的坚强意志,从此以后松柏就成为"坚强不屈"的"代言人"啦。松柏不但寓意好,寿命也很长,经常种植在皇家陵墓和宗庙等重要场所。

在我国陕西省黄陵轩辕庙中,有一棵柏树,树高约20米,据传这棵柏树是当年轩辕黄帝亲手所植,至今已经活了5000多年。孔子崇尚松柏,他的老家曲阜孔陵、孔林和孔庙院内,至今也是古柏林立。

知者不惑，
仁者不忧，
勇者不惧。
孔子说：“有智慧的人，不会疑惑；有仁德的人，不会忧虑；有勇气的人，不会畏惧。”孔子认为“知、仁、勇”是个人修养很重要的三个方面。
老师！这些我基本上都做到了！
哦？说来听听。
©CHILDREN
考试的时候，我“知者不惑”。
题目太简单了！这些都难不倒我！我爱选择题！
交卷的时候，我“仁者不忧”。
老师！改卷的时候要记得我平时都有做好人好事，要有仁爱之心哟！
发卷子的时候，我“勇者不惧”。
这位同学，还要继续努力哟！
来吧！我不怕！我会勇敢地面对！
好的，这位“知者、仁者和勇者”，明天记得把考卷给家长签字后带来哟！
哎呀！这“三者”都当不成了！
那……我只好做“忍者”了！
男人不哭！我忍！

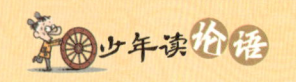

原文

子曰："知①者不惑，仁者不忧，勇者不惧。"

注释

①知：通"智"。

译文

孔子说："有智慧的人不疑惑，有仁德的人不忧愁，有勇气的人不畏惧。"

点点有曰

《论语·宪问》里，孔子提出"君子道者三"，即君子之道有三：智、仁、勇。不过他谦虚地表示自己也没能都做到。《礼记·中庸》说："知、仁、勇，三者天下之达德也。"所以在孔子老师的班上，要当选"智、仁、勇全面发展的三好学生"，可不是一件容易的事情啊！

第十章 乡党篇

食不语，寝不言。
准备吃午饭喽！
带的盒饭
热气腾腾
是点点妈妈啊？您有什么事吗？
没什么大事，就是有点教育孩子的问题，希望您能帮我……
©CHILDREN
自从您教了那句“吃饭时不讲话，睡觉时不交谈”，点点就老是用它来堵我的嘴。
食不语，寝不言。一孔子
可是我实在没有别的时间教育他。写作业时我不能打扰他，玩的时候他又乱跑……
每天作业又写到很晚，连睡眠都不够……我只好在吃饭的时候和他说话了……
希望您对他好好解释一下，家长在吃饭的时候和他说话不违反“礼仪”。对了，还有就是……
我同意您……完全同意……
已经凉了

原 文

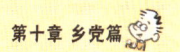

shí bù yǔ　　qǐn bù yán
食不语，寝不言。

吃饭的时候不交谈，睡觉的时候不言语。

点点有日

孔子有一套正确的养生原则。比较著名的还有"食不厌精，脍不厌细"（粮食不嫌舂得精，鱼和肉不嫌切得细）。其他的养生之道还包括：粮食霉烂发臭，鱼和肉腐烂，都不吃；食物颜色难看，不吃；气味难闻，不吃；烹调不当，不吃；不到该吃饭时，不吃；切割方式不得当的食物，不吃；没有一定的酱醋调料，不吃；肉虽多，但应有所节制，不能吃过量；酒可以喝，但是不能喝醉……

他在距离我们两千多年前的古代，经历了颠沛流离的生活之后，还能活到七十二岁的高龄，说明他的养生之道是相当高明的。

孔府是孔子及其后人居住的地方。孔府举办过各种民间家宴，王公贵族、钦差大臣前来祭拜的时候也得准备高标准的宴席，"孔府宴"因此不断发展，变得独具风味。

厩焚。
子退朝,
曰:"伤人乎?"
不问马。

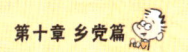

原文

厩(jiù)焚(fén)。子(zǐ)退(tuì)朝(cháo)，曰(yuē)："伤(shāng)人(rén)乎(hū)？"不(bú)问(wèn)马(mǎ)。

（孔子家的）马厩失火了。孔子退朝回来，说："伤到人了吗？"没问马怎么样了。

点点有日

《战国策·燕策》记载：燕昭王决心招纳天下有才能的人，振兴燕国，夺回失去的土地。虽然燕昭王有这样的号召，但并没有多少人投奔他。于是，燕昭王就去向一个叫郭隗（wěi）的人请教，怎样才能得到贤良的人。郭隗给他讲了一个故事：古时有个国君爱马，拿出千金的高价来买，买了三年也没买到。宫里的一个侍从说，让我去试试。去了三月，打听到一匹千

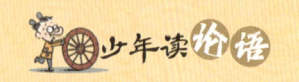

里马，但马已死，于是他用五百金把马的头骨买了回来献给国君。君王大怒，说："我要的是活马，死马有什么用，白花了五百金。"侍从说："死千里马您尚且肯花五百金，何况是活千里马呢？这样一来，天下的人都知道您想高价买千里马，千里马不久就会送上门了。"不久，果然有许多人登门卖马。接着郭隗把自己比作那匹死马，表示如果他都能被重用，比他更有才能的人就会来投奔。事情传开后，贤能之人自然都来登门自荐了。这样就传下了"千金买马骨"的典故。

从这个故事可以看出，在古代，马是十分贵重的财产。马在古代被广泛应用于军事、交通、耕作等领域，对古代的人们来说，马的重要性是不言而喻的。

但是孔子只问人而不问马，说明了孔子对人的重视啊。孔子的思想以"仁"为核心，仁的要义就是爱人。

第十一章

颜渊篇

非礼勿视，非礼勿听，
非礼勿言，非礼勿动。
礼
↑
禮 繁体
↑
禮 篆书
“礼”，是孔子一直倡导的道德准则和行为规范。
所以他号召他的学生对于不合乎“礼”的事物，要做到“四不”，就是——
©CHILDREN
不看！不听！不说！不做！
老师！！我想到孔子当时是怎么教他的学生的了！
!!
你想到什么了呢？
这些句子这么有节奏感……
孔子他老人家准是把自己的理论编成歌词，带着学生边说唱边学习了！
呦！呦！呦！呦……非礼勿视……OH，AND 非礼勿听……YEAH！大家一起来！……
咚嗒嗒，咚哒！

原 文

颜渊问仁,子曰:"克己复礼①为仁。一日克己复礼,天下归仁焉。为仁由己,而由人乎哉?"

颜渊曰:"请问其目。"子曰:"非礼勿视,非礼勿听,非礼勿言,非礼勿动。"

颜渊曰:"回虽不敏,请事斯语矣。"

注释

①克己复礼:克制自己,使自己的行为归到礼的方面去,即合于礼。复礼,归于礼。

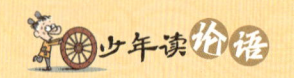

颜渊问什么是仁。孔子说："抑制自己，使言语和行动都合于礼，就是仁。一旦做到了这些，天下的人都会称赞你有仁德。实践仁德要靠自己，难道是靠别人吗？"

颜渊说："请问实行仁德的具体细节。"孔子说："不合礼的不看，不合礼的不听，不合礼的不说，不合礼的不做。"

颜渊说："我虽然迟钝，但请让我照这些话去做。"

点点有日

成语"纲举目张"出自战国吕不韦《吕氏春秋》。纲是渔网上的总绳，比喻事物的主要部分。目是渔网上的网眼，比喻事物的细节部分。这个成语指提起渔网上的总绳，所有的网眼就都张开了。比喻抓住事物的主要环节，就可以带动其他环节。

颜渊说："请问其目。"意思就是说：我知道要"实行仁德"，但是具体应该怎么做呢？老师您再说详细一点。

现在市场上也会看到出售四个一套的小猴子：一个捂眼，一个捂嘴，一个堵耳，一个垂手。这就是根据这则论语开发的周边产品"四不猴"。为什么用猴子的形象呢？可能猴子代表我们的内心——"心猿意马"吧。

己所不欲，勿施于人。

这句吗？这句话的意思是，你自己不喜欢的，也不能强加给别人。
论语
©CHILDREN
这句话可是咱们家庭成员一直和睦相处的秘诀哟！
哦？
举个例子吧！你失败时，喜欢听到别人的嘲笑吗？
不喜欢！
所以妈妈减肥失败的时候，我们也不能笑她，还得说：“真的瘦了一大圈！”
原来是这样！
我也举个例子！当爸爸炒股赔钱的时候，我们也不能笑他……
再比如妈妈买的那些营养面膜，其实一点用都没有，我还得说……
再比如，不知道是谁，平时不好好学习，这次职称考试又不合格……
看来这句话我们家还得好好学学。
论语

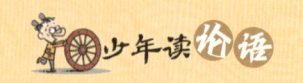

·原 文·

仲弓问仁,子曰:"出门如见大宾,使民如承大祭。己所不欲,勿施于人。在邦①无怨,在家②无怨。"仲弓曰:"雍虽不敏,请事斯语矣。"

注释

①邦:诸侯的封国。

②家:卿大夫的封地。

仲弓问什么是仁。孔子说:"出门工作好像去接待贵宾,役使民众好像去承担重大祀典,(都得严肃认真,小心谨慎)。自己所不喜欢的事物,就不要强加给别人。在邦国做事没有抱怨,在卿大夫的封地做事也无抱怨。"

仲弓说:"我冉雍虽然不聪敏,请让我照这些话去做。"

第十一章 颜渊篇

点点有日

前面颜渊问仁，孔子说"克己复礼"。这里仲弓问仁，孔子又回答"己所不欲，勿施于人"。这是因为孔子擅长因材施教，不同的同学来问"什么是仁"，他会给出不同的答案。冉雍，字仲弓，孔子认为他具有治理国家的才能，称赞他"雍也可使南面"，所以这里孔子从管理的角度来分析"仁"。

内省不疚，夫何忧何惧？

君子为人处世是问心无愧的！
君子
所以，他们没有什么可担忧惧怕的！
你们有没有过这种“问心无愧”“不忧不惧”的感受？
老师！！我！我有！昨天的考试，我因为认真复习了，觉得题目一点也不难！
我很快就答完题了，还检查了三遍！我还是第一个交卷的！
自信满满
我发现我竟然不怕考试了！这种感觉真好啊！
©CHILDREN
不错不错！那……卷子背面的大题你是怎么做的？
静—
什么?!卷子背面还有一道大题?!

原文

司马牛问君子，子曰："君子不忧不惧。"曰："不忧不惧，斯谓之君子已乎？"子曰："内省不疚①，夫何忧何惧？"

注释

①疚：内心痛苦，惭愧。

译文

司马牛问怎样才是君子。孔子说："君子不忧愁，不恐惧。"司马牛说："不忧愁，不恐惧，这就叫君子了吗？"孔子说："自己问心无愧，那还有什么可忧虑和恐惧的呢？"

点点有曰

司马牛，名耕，字子牛，是宋国的贵族。前面提到的，趁着孔子在上课，砍树威胁要杀害孔子的司马桓魋，是他的哥哥。但是司马牛和他哥哥不同，一直追随孔子学习，不过他也因为自己哥哥和几个兄弟起事谋反而感到焦虑不安。从对话来看，孔子是在给他做心理疏导啊。

四海之内皆兄弟也。

通过网络，我认识了许多兴趣爱好和我一样的人……

嗯？

正如孔子说的："四海之内皆兄弟也。"……

嗯？

暂停！暂停！

啊？

网络上坏人很多的！不能随随便便和别人称兄道弟！

哦？

电视和报纸上天天都有遭到网友欺骗的新闻！

对！

上网安全守则
1. 不要透露个人信息，包括姓名、学校、住址、电话等。
2. 不要轻易结交网友，也不要与网友见面。
3. 控制上网时间，遇到问题多和父母商量。
4. ……

嗯！

记住了吗？好，你根据妈妈的意见，再好好修改一下你的作文。

好嘞！

但是这些在网上认识的人说不定都是坏人。正如我妈妈说的："四海之内皆坏人也……"

·原 文·

司马牛忧曰:"人皆有兄弟,我独亡。"子夏曰:"商①闻之矣:死生有命,富贵在天。君子敬而无失,与人恭而有礼,四海之内皆兄弟也。君子何患乎无兄弟也?"

注释

①商:卜商,字子夏。

司马牛忧愁地说:"别人都有兄弟,唯独我没有。"子夏说:"我听说过:死生由命运决定,富贵在于天意安排。君子对待工作严肃认真,不出差错,对待他人恭敬而合乎礼节,四海之内的人就都是他的兄弟,君子何必担忧没有兄弟呢?"

点点有日

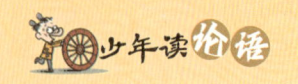

　　司马牛因为自己的兄弟起事谋反，觉得兄弟们和自己不一条心，就像没有一样。不过他的同学子夏安慰他，仁德的人不会孤独，"四海之内皆兄弟也"。

　　现在网络社交这么发达，人们很容易在网络上找到和自己志趣相投的人，哪怕是在地球的另一端。这种情况，真正做到了"四海之内皆兄弟也"。在"加好友"的同时，也要注意个人隐私和网络安全哟！

第十一章 颜渊篇

君子成人之美

铁头！铁头！听说你在你的课桌下面捡到十元钱交给老师啦？

真的是你？

没错！就是我！老师还表扬我拾金不昧，奖励了我一朵小红花！

你其实捡的是"你的钱"！是我还给你的钱啊！

什么？

我把还给你的钱压在你的铅笔盒下面，想给你一个惊喜……不知道为什么掉地上了！

啊？

啊……这个，点点，孔子说过，君子应当成全别人的好事。我呢……

我好久没有得过小红花了。你就别告诉老师了，不然我这"好人好事"就没了。

这能行？

不行！孔子还说，我们做人要诚信。我去帮你把钱要回来！小红花你先留着……

星期天，我要教小区的老爷爷老奶奶怎么用手机，我把你叫上！你把这件好人好事顶上。

一言为定！

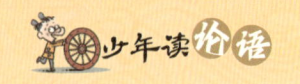

·原 文·

子曰："君子成人之美，不成人之恶。小人反是。"

孔子说："君子成全别人的好事，而不促成别人的坏事。小人却与此相反。"

点点有日

"成人之美"是帮别人达成美好的愿望，如果帮别人干坏事就是"助纣为虐"啦。"成人之美"是一种高尚的品德，需要有宽广的胸怀和与人为善的心态。对患得患失、斤斤计较的人来说，这是很难做到的。

第十二章 子路篇

名不正，则言不顺；言不顺，则事不成。
改名
在卫国，儿子抢了父亲的王位。孔子认为这就属于“名不正”的行为。
按规定该轮到我啦！
恕孩儿不孝！
如果名分不正当，那么说出来的话就不合理；说出来的话不合理，事情就不会办成。最后整个社会就会变得乱哄哄一团糟。
嘀嘀咕咕
总结一下中心思想，就是四个字：“名正言顺！”
哇！老师这句话一定会流传千古的！
这就是“名正言顺”这个成语的由来。
孔子他老人家真的制造了许多成语！
好了，成语故事讲完了！下面交一下作业！
来喽！
我说点点啊！你怎么又少做两道题？
作业本
这次你要是能讲出个名正言顺的理由，我就原谅你。不然的话，哼哼……
这个……因为我，因为……
对了！因为我叫“点点”，所以我的作业就是会漏做一点点……也算是“名正言顺”了吧！
©CHILDREN

·原 文·

子路曰："卫君待子而为政，子将奚①先？"

子曰："必也正名②乎！"

子路曰："有是哉，子之迂也！奚其正？"

子曰："野哉，由也！君子于其所不知，盖阙如③也。名不正，则言不顺；言不顺，则事不成；事不成，则礼乐不兴；礼乐不兴，则刑罚不中④；刑罚不中，则民无所措手足。故君子名之必可言也，言之必可行也。君子于其言，无所苟⑤而已矣。"

注释

①奚：何，什么，疑问词。

②名：名称，名义，名分。

③阙如：缺而不言。

④不中：不适当。

⑤苟：随便，马虎。

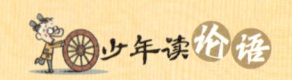

子路说:"卫国国君要您去治理国家,您打算先干什么呢?"

孔子说:"首先必须正名分。"

子路说:"有这样做的吗?您真是太迂腐了。这有什么可纠正的?"

孔子说:"粗鲁啊,仲由同学。君子对他所不了解的事情,总是采取存疑的态度。名分不正,说起话来就不能顺理成章;说话不顺理成章,事情就办不成;事情办不成,礼乐制度也就不能兴盛;礼乐不能兴盛,刑罚的执行就不会得当;刑罚不得当,百姓就会手足无措不知怎么办好。所以,君子一定要定下一个名分,必须能够说得明白,说出来一定能够行得通。君子对自己的言语,要没有一点马虎的地方才行啊。"

点点有日

卫君是指卫出公辄(zhé),是卫灵公的孙子。其父蒯(kuǎi)聩(kuì)被卫灵公驱逐出境。聩的意思是耳聋。卫灵公死后,蒯辄继位。蒯聩要回国争夺君位,遭到蒯辄拒绝,于是出现了父子争位的现象。孔子觉得他们这是"名不正言不顺"。此后的卫国果然纷争不断,内乱不已。

学生说老师"迂",公然顶撞老师;老师说学生"野",反驳了一大篇。这课堂上也可以说是火力全开了。不过他们并没有生气,师生关系还是那么好,真值得我们羡慕啊。

欲速则不达。
60
哎呀！快到《宇宙超人》动画片的时间了！
作业认真写完的话，就可以去看动画片了哟……
但是，要是没写完作业你就打开电视的话……
为了地球家园，为了宇宙和平，我……
小宇宙爆发
唰
唰
作业划拉完……哦不，作业写完喽！
忽然感受到一股“邪恶”的小宇宙……
点点？你来一下。
作业写好了吗？你再仔细看看？
没错啊，这是……
啊！我怎么把语文作业写到数学本上，数学作业写到语文本上了啊！！！
噢！不！
©CHILDREN

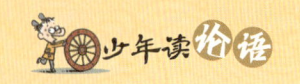

·原 文·

子夏为莒父①宰，问政。子曰："无欲速，无见小利。欲速则不达，见小利则大事不成。"

注释

①莒父：鲁国的一个城邑。

译文

子夏做了莒父地方的长官，问怎样处理政事。孔子说："不要急于求成，不要贪图小利。急于求成，反而不能达到目的；贪图小利则办不成大事。"

点点有日

"欲速则不达"这个成语指违背规律，一味求快，反而达不到目的。俗话说：十年树木，百年树人。可见做任何事情都得有一个过程，都得遵循规律，急于求成可不行。

君子和而不同，
小人同而不和。
五万！和（hú）了！
爸爸！今天的作业是采访一下家长对《论语》名句的体会，然后写一篇短作文，我抽到了这句……
哎呀！这句可就深了……光这个“和”字就有好几个读音……有念hé的，和谐；有念hè的，一唱一和；有念huó的，和面；有念huò的，和稀泥……
论语
还念hú，就是打麻将胜利的时候喊的“和了”……有了！
我的体会吧，这句的含义，就是说：有品德的人，比如我，打麻将的时候能够“和（hú）”，是因为我等的牌与他们仨的都不同……
而没有品德的人……他们都在等同一张牌，所以他们就不能“和（hú）”啦！
哈哈哈哈！
啊？真的是这样吗？
©CHILDREN
全错啦！这句的意思是“君子追求和谐合作，但是不会人云亦云；小人则喜欢拉帮结派，其实却处处争斗”。
作文本
啊……这都怪我爸爸！您看看，他这都是什么学习态度！
嗯……是该和他聊聊如何对待孩子的学习和教育了……
“请家长”！把我爸叫到学校来好好教育一下！

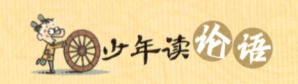

原文

子曰："君子和而不同①，小人同而不和。"

注释

①和：和谐，协调。同：人云亦云，盲目附和。

译文

孔子说："君子追求与人和谐而不是盲目附和，小人只是盲目附和，不肯表示自己的不同意见。"

点点有曰

"和"与"同"有差别吗？"和"是不同人之间的协作与配合，是和谐共存。"同"就是不同人之间消除差别，相同一致。"同"表面看起来是一种理想状态，但是也就没有了差别，没有了个性的存在。而"和"才是事物健康发展的完美形式。

第十三章

宪问篇

子贡方人，子曰：『赐也贤乎哉？夫我则不暇。』

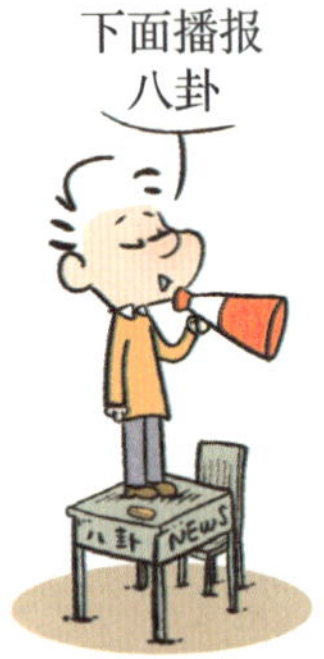

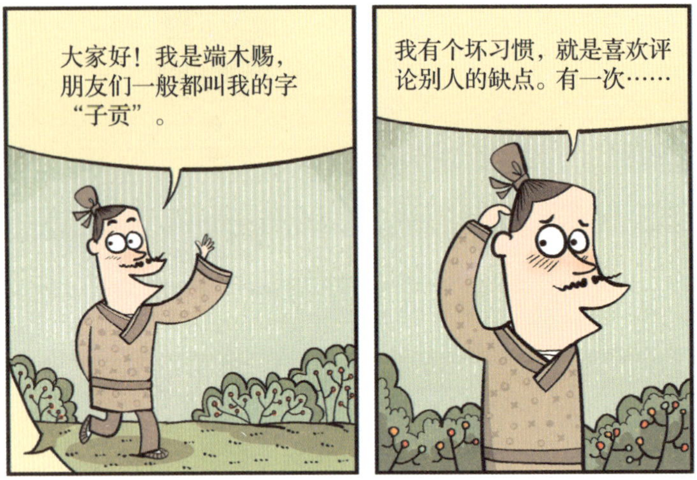

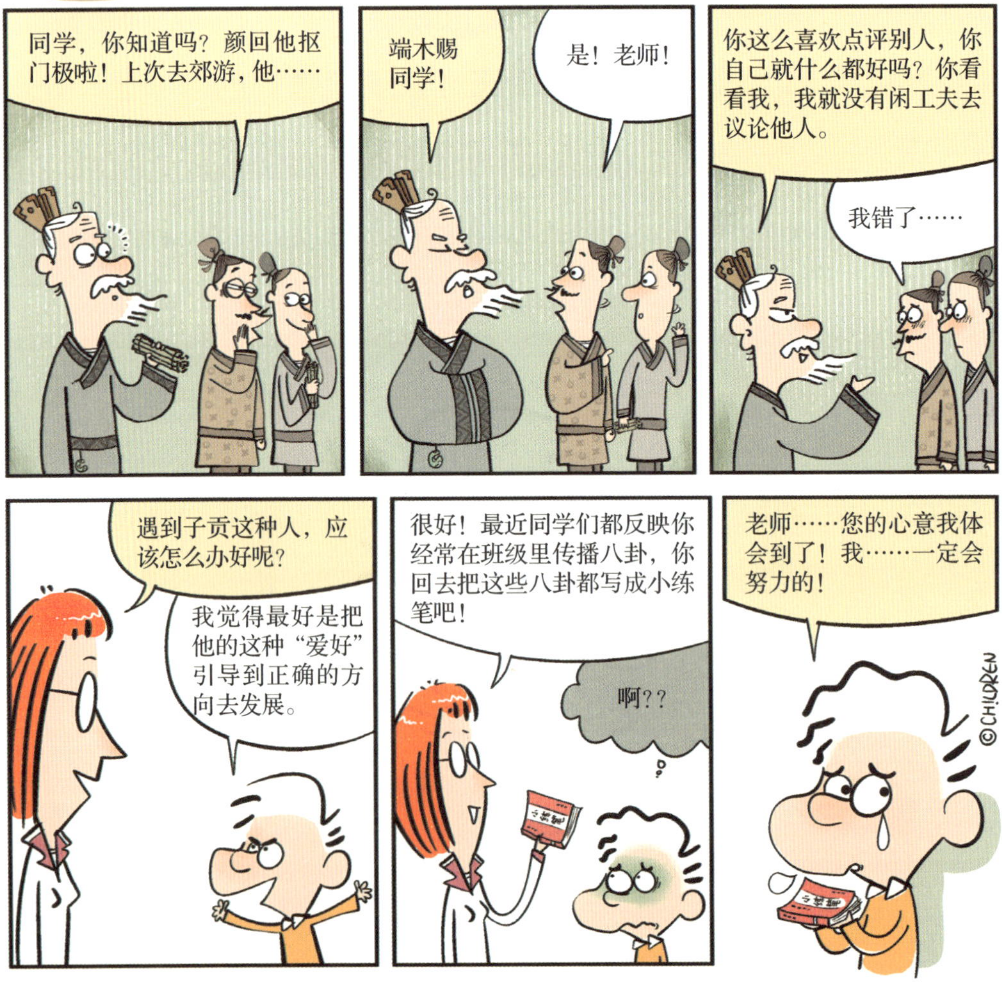

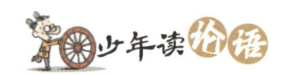

原文

子贡方人①，子曰："赐也贤乎哉？夫我则不暇。"

注释

①方人：议论别人的是非短长。

译文

子贡议论别人。孔子说："你端木赐就什么都好吗？我就没有这种闲暇（去议论别人）。"

点点有曰

端木赐，字子贡，卫国人。他擅长辩论，口才很好，为人灵活，办事通达，不仅在学业、政绩方面有突出的成就，在理财经商上也很有成就。不过人无完人，他就爱议论别人。端木赐真是超级能说，在《论语》中，子贡的名字出现了57次，而颜回的名字仅出现了32次。

第十四章 卫灵公篇

工欲善其事，必先利其器。
工匠想把活计做好，首先要使工具锋利。
看看磨得怎么样了……
一拔
三吹
二放
吹毛断发！好！开工！
所以说，要想把事情做好，必须做好准备工作！
对！
这个故事对我很有启发……
点点在认真削铅笔！他在为明天上课做准备！
果然！削尖以后扎橡皮爽多了！

原 文

子贡问为仁。子曰:"工欲善其事,必先利其器。居是邦也,事其大夫之贤者,友其士之仁者。"

子贡问怎样培养仁德,孔子说:"工匠要想做好工作,必须先把器具打磨锋利。住在这个国家,就要敬奉大夫中的贤人,结交士中的仁人。"

点点有日

想要成就大事,还需要结交和自己志同道合的朋友,与其他人保持良好的人际关系。俗话说:一个人走得快,一群人走得远,一群有共同追求共同梦想的人走得更远。孔子带着自己的一大群学生周游列国,走了这么远,他的儒家思想一直流传到今天。

人无远虑，必有近忧。

今天我忽然发现，孔子他老人家的一句话，简直是说到我心里了！

哦？是哪一句？

"人无远虑，必有近忧。"就是这句！说得太好了！

如果当老师还在远处的时候，你没有考虑好该怎么办……

等老师走近以后，你就有大麻烦了！

不是啦！真正的意思是：如果一个人没有长远的谋略，必然很快会面临忧患。

原来是这样，不是距离上的远近啊。

奇怪……孔子为什么和我这个上课偷偷玩游戏的小孩有着相同的感受呢……

嗯……

有了！准是开会的时候，国君在上面讲话，他也在下面偷偷玩游戏！

·原 文·

子曰:"人无远虑,必有近忧。"

孔子说:"人没有长远的考虑,一定会有眼前的忧患。"

点点有曰

成语"人无远虑,必有近忧",就是说人要有居安思危的忧患意识。

这种对仗工整、朗朗上口的句子学生容易记住,也容易流传,孔子是不是在备课的时候也发现了这点啊!

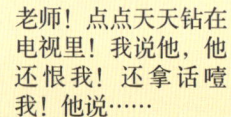

躬自厚而薄责于人，则远怨矣。

原 文

子曰："躬自厚而薄责于人①，则远怨矣。"

注释

①躬自：自己。厚，指厚责。因为下文有"薄责"而省略了"责"字。

译文

孔子说："对自己严格要求而宽容地对待别人，就可以远离别人的怨恨了。"

点点有日

"躬自厚而薄责于人"，用现在的话说就是"严于律己，宽以待人"。不过在现实中，人们往往对自己宽宏大量，对别人斤斤计较。

小不忍，则乱大谋。

忍
哐！！
可恶！老板今天又因为一件小事对我发火！
我不干了！我要辞职！！我要炒老板的鱿鱼！
爸爸，最近流行一种解压的游戏，就是随便翻开一页书，看看书里的人有什么建议，您试试？
小事不忍耐，就会搅乱大事！一点委屈都受不了，怎么成就大事呢？
是哪一句？有用吗？
房贷……车贷……保险……中年危机……物价上涨……点点上大学的学费……
©CHILDREN
点爸！你是咱家的顶梁柱啊！
爸爸！
书里说得很对！爸爸会和老板斗智斗勇坚持下去的！
爸爸好棒！爸爸加油！
实话说国君一直与我理念不合，我也忍不下去了，打算去周游列国，你去不去？
不，我还能忍。
孔子曾经也是打工族啊！

原文

子曰:"巧言乱德。小不忍,则乱大谋。"

孔子说:"花言巧语会败坏道德。小事上不忍耐,就会扰乱了大的谋划。"

点点有曰

"忍"这个字拆开来看,是心字头上一把刀,所以忍耐是不容易做到的。忍耐是包容,也是决断。只有忍辱负重、具有坚忍不拔精神的人,才能闯过难关,走向成功。

第十五章：季氏篇

友直,友谅,友多闻,益矣。友便辟,友善柔,友便佞,损矣。

你一定也有朋友吧?可是,你知道吗?使人受益的朋友有三种,使人受损的朋友也有三种。

与正直的人、诚实的人和博学多闻的人交朋友,这是有益的。

与惯于拍马屁的人、阿谀奉承的人和惯于花言巧语的人交朋友,这是有害的。

所以咱们要多交有益的朋友哟!

对!

可是怎样才能和这种人成为好朋友呢?他们不想和我交朋友怎么办?

我觉得我可以经常说他们的好话,送他们好吃的小零食来拉近关系,这样是不是就可以啦?

你这不成孔子说的"损友"了吗?

你自己也要努力成为正直守信、见多识广的人才行啊,不然早晚会被人家嫌弃的。

也是。

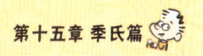

·原 文·

孔子曰："益者三友，损者三友。友直，友谅①，友多闻，益矣。友便辟②，友善柔，友便佞③，损矣。"

注释

①谅：诚信。

②便辟：逢迎谄媚。

③便佞：用花言巧语取悦于人。

孔子说："有益的朋友有三种，有害的朋友有三种。同正直的人交友，同诚信的人交友，同见闻广博的人交友，是有益的。同谄媚奉承的人交友，同表面恭维而背地诽谤的人交友，同夸夸其谈的人交友，是有害的。"

点点有曰

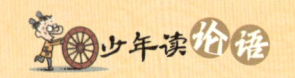

历史上有一位叫陈友谅的，也取名于此。陈友谅是元朝末年群雄之一、农民起义领袖，一度称帝，国号大汉，年号大义。谅的意思是诚信，但是陈友谅为人狡诈，暴躁多疑，不讲道义，逐渐失去了部下的信任。最终他与朱元璋大战于鄱阳湖，兵败中箭而亡。

第十六章

阳货篇

诗，可以兴，可以观，可以群，可以怨。
啊！大海！好，多，的，水啊！
同学们！假如你要选课外读物，为什么不选《诗经》这本书呢？
诗经？
你知道为什么吗？
因为……期末考试要考？
因为学诗可以丰富情感，激发想象力，可以观察社会！
还可以通过学诗来学会如何与朋友交往，如何抒发情绪。大到了解如何侍奉父母、辅佐君王，小到认识鸟兽草木！
所以老师也希望大家有时间多读读古诗。
老师，我很小的时候就接触古诗了！！
©CHILDREN
我妈说，我还在妈妈肚子里的时候，她就天天放《唐诗三百首》给我听！
厉害！
是吗？那你来给大家背一首你最喜欢的。
啊？好……好的……
“鹅，鹅，鹅……”老师，我就只记得这句了……

原文

子曰："小子何莫学夫诗！诗，可以兴①，可以观②，可以群③，可以怨④。迩⑤之事父，远之事君；多识于鸟兽草木之名。"

注释

①兴：《诗》创作手法之一，通过形象的比喻让人们产生联想，从而理解抽象的事物或道理，即托物起兴的意思。

②观：观察力。《诗》描绘了社会生活的各个层面，反映了各种各样的风俗民情。

③群：与人交际、交往。当时贵族之间交往经常需要通过《诗》来表达感情。

④怨：讽刺。可以借《诗》来抒发负面情绪。

⑤迩：近。

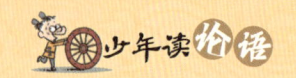

孔子说:"学生们为什么没有人学《诗》呢?学《诗》可以培养联想力,可以提高观察力,可以培养群体观念,可以学得讽刺方法。近则可以用其中的道理来侍奉父母,远可以用来侍奉君主;还可以多认识鸟兽草木的名称。"

点点有日

《诗经》是中国最早的诗歌总集。最初只称为《诗》或"诗三百",到西汉时,被尊为儒家经典,才称为《诗经》。书中搜集了公元前11世纪至公元前6世纪的古代诗歌三百零五首,除此之外还有六篇有题目无正文,称为笙诗六篇。按"风""雅""颂"三类编排。《风》是周代各地的民歌;《雅》是周人的正声雅乐,又分《小雅》和《大雅》;《颂》是周代王廷和贵族宗庙祭祀的乐歌,又分为《周颂》《鲁颂》《商颂》。《诗经》的内容丰富,包罗万象,劳动与爱情、战争与徭役、压迫与反抗、风俗与婚姻、祭祖与宴会,甚至天象、地貌、动物、植物等都有涉及。

在《论语》中,孔子多次引用《诗经》的诗句来说明自己的观点,他还曾说过"不学诗,无以言"。可见孔子十分推崇学《诗经》。

道听而途说，德之弃也。
喜欢
老师！村里的柱子哥说您喜欢卫国的王妃？这是真的吗？
一派胡言！
在路上听到一些传闻就随便传播，这可是不道德的哟！
弟子错了！
写一篇检查，贴到村里的消息树上，以正视听。
是！
乡亲们！你们都搞错了！老师最喜欢音乐，所以他喜欢的其实是唱歌的王菲啊。
消息树
越描越黑了！
这就叫“道听途说”啊！被传谣的人会很烦恼的！
嗯嗯，明白了！
八卦新闻台跟踪报道……据传明星大牌先生秘密出国整容后，因本人与护照照片对不上无法回国，索性和当地人结婚……
消息一出立即登上头条。但今天大牌先生在他的新书签售会上表示这些完全是谣言……
我看大牌先生还挺高兴的！

·原 文·

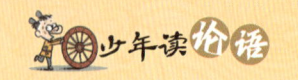

子曰："道听而途说，德之弃也。"

孔子说："把道路上听来的传言四处传播，是背弃道德的行为。"

点点有日

道听途说，顾名思义，就是在道路上听到，在道路上传播的意思。

正所谓"造谣一张嘴，辟谣跑断腿"。人的本性是感性的，是容易受到情感驱使的，因此人更愿意相信自己感觉上倾向的东西，乐于寻找支持自己观念的事物和证据，同样乐于忽视或者漠视不支持自己观念的事物和证据。造谣者抓住这种心理，根据一小段视频、一张图片、一个特殊角度等，随随便便就编造谣言，制造流行话题。等理性的人花费时间和精力去寻找各方面的证据来辟谣的时候，看热闹的群众已经散去，去寻找下一个热点了。

在资讯传播如此迅速的今天，要学会明辨是非，不要被各种未经核实的消息轻易蛊惑，成了谣言的传播者。谣言止于智者啊。

第十六章 阳货篇

其未得之也，
患得之。既
得之，患失之。

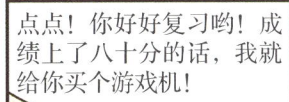

点点！你好好复习哟！成绩上了八十分的话，我就给你买个游戏机！

八十分啊……

爸爸！你这样做可不行！

哎？

我在考试的时候，满脑子想的都是怎么才能得到游戏机。

轻轻的我来了……

生怕自己做错一题就会失去游戏机。

正如我轻轻的走……

这样"患得患失"的我，能考好吗？

很有道理！

说实话现在我的心里已经乱糟糟的，根本没办法复习了呢！

这么严重？

那我现在去给你买一个，你就能够安心复习了吧？

爸爸！你最懂我了！

你想得美！给我乖乖看书去！

啊呀，被识破了！

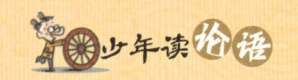

原文

子曰:"鄙夫可与事君也与哉?其未得之也,患得之①。既得之,患失之。苟患失之,无所不至矣。"

注释

①患得之:这里是"患不得之"的意思。

译文

孔子说:"粗鄙的人啊,可以和他一起侍奉君主吗?他在未得到职位时,总是害怕得不到;得到职位以后,又怕失去。如果老是担心失去,就可能什么事都干得出来的。"

点点有日

这段话后来概括为成语"患得患失",指担心得不到,得到了又担心失去,后指对个人的利害得失斤斤计较。把得失看得太重,反而分散了精力,不能得到快乐和成功。

第十六章 阳货篇

饱食终日，无所用心，难矣哉！

假如有一个人，整天吃得饱饱的……

嗝！

却无所事事，一点也不动脑筋……

这是不行的！这样的人不会有什么成就！在你周围有这样的人吗？

哎呀！

有的！就是……

瞧你爸爸！整天躺沙发上刷小视频……

"成就"了一个大大的"啤酒肚"！

妈妈！快没收爸爸的手机！

点点！给你的手机，你可不能整天刷手机玩游戏啊！

妈妈放心！我都有好好使用手机。

你知道吗？我长大以后想当一名卧底记者！

所以我平时就注意搜集班级里的八卦，然后第一时间发布到同学群里。唉，我忙得很啊！

你的手机也得没收！

·原 文·

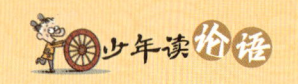

子曰:"饱食终日,无所用心,难矣哉!不有博弈①者乎,为之犹贤乎已②。"

注释

①博弈:博,包含掷骰子的古代棋局游戏,已经失传。弈,古代围棋。

②已:止,不动作的意思。

孔子说:"整天吃得饱饱的,什么心思也不用,这不行啊!不是有博弈之类的游戏吗?干这些也比无所事事强。"

第十六章 阳货篇

点点有日

　　一个人整天吃饱了饭，不做事、不学习、不动脑子，对任何事情都不感兴趣，在孔子的时代，有许多贵族都是这样的人。

　　不爱动脑子，可能是人懒惰的本性，现代人也是一样。如果是今天，孔子可能会说："饱食终日，刷短视频，难矣哉！打打游戏也比这个强啊。"当然孔子的话是比喻，并不是要人们去玩游戏，而是说应该珍惜衣食无忧的生活条件，将心思用在学习知识、提高道德上面——你要是天天打游戏，他肯定也得说你。

第十七章

微子篇

往者不可谏，来者犹可追。

过去的事情已经不能再挽回，但将来的事情还来得及。所以过去的就让它过去吧，大家要着眼于未来，抓住未来。

哪位同学来谈谈自己的理解？

我！

点点同学上课积极发言，表扬一次！好，你来说说看！

听完这两句话，我心里的"大石头"终于落地了，我再也不焦虑了！

啊？什么"大石头"？

"大石头"就是……

就是您布置的日记作业，我落下了好几天的，都没有写，正在发愁怎么样补上呢！

现在我想通了。"过去的就让它过去吧"，您说呢？

哼，你想得美！

·原 文·

楚狂接舆①歌而过孔子曰:"凤兮!凤兮!何德之衰?往者不可谏,来者犹可追。已而!已而!今之从政者殆而!"

孔子下,欲与之言。趋而辟②之,不得与之言。

注释

①接舆:楚国的隐士。

②辟:通"避",避开。

译文

楚国的狂人接舆唱着歌经过孔子的车驾,说:"凤凰啊,凤凰啊!为什么你的德行如此衰微?过去的已经不能挽回,未来的还来得及改正。算了吧,算了吧!现在那些从政的人危险啊!"

孔子下车,想要同他说话。接舆快走几步避开了孔子,孔子没能同他说上话。

点点有日

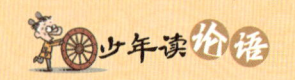

《论语》中记载的隐士均无名字。孔子旁边写日记的人看他们当时在干什么，就起个相应的名字。例如守门者称为"晨门"，挂杖老者称为"丈人"……本章中提到的隐士，因其经过孔子的车，所以《论语》中称其为"接舆"。接舆唱歌而过孔子的车驾前，以歌来感喻孔子：天下无道，不如赶快归隐。这种处世哲学称为"出世"。但是孔子希望用自己的力量改变社会，因此他周游列国，广收学生推广自己的理念。孔子的处世哲学称为"入世"。

孔子本来想下车和他好好聊聊，但是接舆一溜烟走了。正所谓"道不同，不相为谋"，没什么好谈的。

第十八章

子张篇

君子之过也，如日月之食焉：过也，人皆见之；更也，人皆仰之。

我们对待错误，要学习古代的君子啊！君子的过错，就好像日食月食一般。谁来讲讲？

我！老师我知道！

日食和月食是很罕见的天象。比如说，遇到月食，我们应该这样做……

哎呀！天狗！天狗吃月亮了！

呼，幸亏我努力敲锣赶走了天狗！

什么乱七八糟的……子贡同学，你来给大家说一下。

是！

君子有过错时，就像日食和月食那样人人都见得到。他不会去找借口，遮遮掩掩。

他知错就改。他改正过错后，就像太阳月亮重新恢复了光亮，人人都敬仰。

不过我对"天狗吃月亮"也很感兴趣，这是哪个村的习俗吗？课间给我讲讲！

是啊！

啊？还没有流行起来吗？

原 文

子贡曰:"君子之过也,如日月之食焉:过也,人皆见之;更也,人皆仰之。"

子贡说:"君子的过失,就好比日食和月食一样:有过错时,人人都看得见;他改正了,人人都敬仰他。"

点点有日

有一则"目连救母"的故事,叙述了佛陀弟子目连*拯救亡母出地狱的事。

故事虽然不长,但是很多民间作者纷纷进行二次创作。有根据这个画画的,称为"变相";有根据这个写故事编戏文的,称为"变文"。

其中有一则变文故事里,目连的母亲因为恶行堕入地狱,

---

*目连是梵语摩诃目犍连的略语,释迦牟尼十大弟子之一。

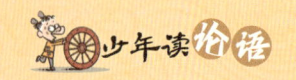

目连凭借佛陀的锡杖（就是唐僧手里拿的那个）才找到她。然后佛陀又亲临地狱，放光动地，大破地狱，于是目连母转成饿鬼。目连又依佛陀指示举办盂兰盆会（布施十方僧众的大法会），使其母化为黑狗。目连引黑狗诵经忏悔七日七夜，其母终于转为人身。作者设计了这种"打怪升级"的路线，是因为佛教中"六道轮回"里的三恶道分为地狱道、饿鬼道、畜生道。（顺便提一下，三善道是天道、人道、阿修罗道，这个设定在很多漫画里也有。）

在这"天上地下大营救"期间，目连的母亲一度化为黑狗，见啥吃啥，连太阳和月亮也要咬了吞下去。人们发现只要敲起锣鼓、燃起爆竹，她就会害怕，重新吐出日月。后来某些地区就慢慢演变出敲锣打鼓、燃放爆竹来赶跑天狗的习俗。

"目连救母"的故事，源于西晋三藏法师竺法护所翻译的《佛说盂兰盆经》，所以春秋时期的孔子他们肯定没听说过。这个故事中衍生出盂兰盆节，后来又和道教的中元节融合流传至今。很多地区农历七月十五赏月放河灯，祭祀祖先就是沿袭这个佛典。

番外篇

《论语》与网络
提示：文明上网，从自身做起，从现在做起，不沉迷网络……
您有没有想过，孔子如果在我们这个网络时代，会发生什么有趣的事情呢？
我也想知道！
《论语》记录了孔子和他的弟子们的言行，一眼看去就好像他们的朋友圈。
老师又晒心情了！快记下。
《史记》说孔子“弟子盖三千焉，身通六艺者七十有二人”。
那可是三千个粉丝，七十二人还是加V认证的哟！
圣人
仁
有时候他会“深夜发美食报复社会”。
食不厌精，脍不厌细！生鱼片配过桥米线！
咕
有时候他会发争论话题引起粉丝论战。
唯女子与小人难养也。尽在不言中！你懂的！
博主竟然这样说，感觉不会再爱了！
不懂逻辑，鉴定完毕。
具体请点左下！
你说谁是小人！
我理性客观公正！
我举报楼上人身攻击！
有时候他会发表批评意见影响舆论，捍卫心中理念。
观看六十四人广场舞？是可忍也，孰不可忍也！
是鲁国人就转！
有时候他被发现去和粉丝见面，只好出来辟谣。
假如我做了不合礼法的事，天厌之！天厌之！
八卦小报在传您和南子的绯闻！
我肯定是网络界“顶流”。
如果放在今天，孔子绝对是一个有号召力的“网红明星”啊！
© CHILDREN

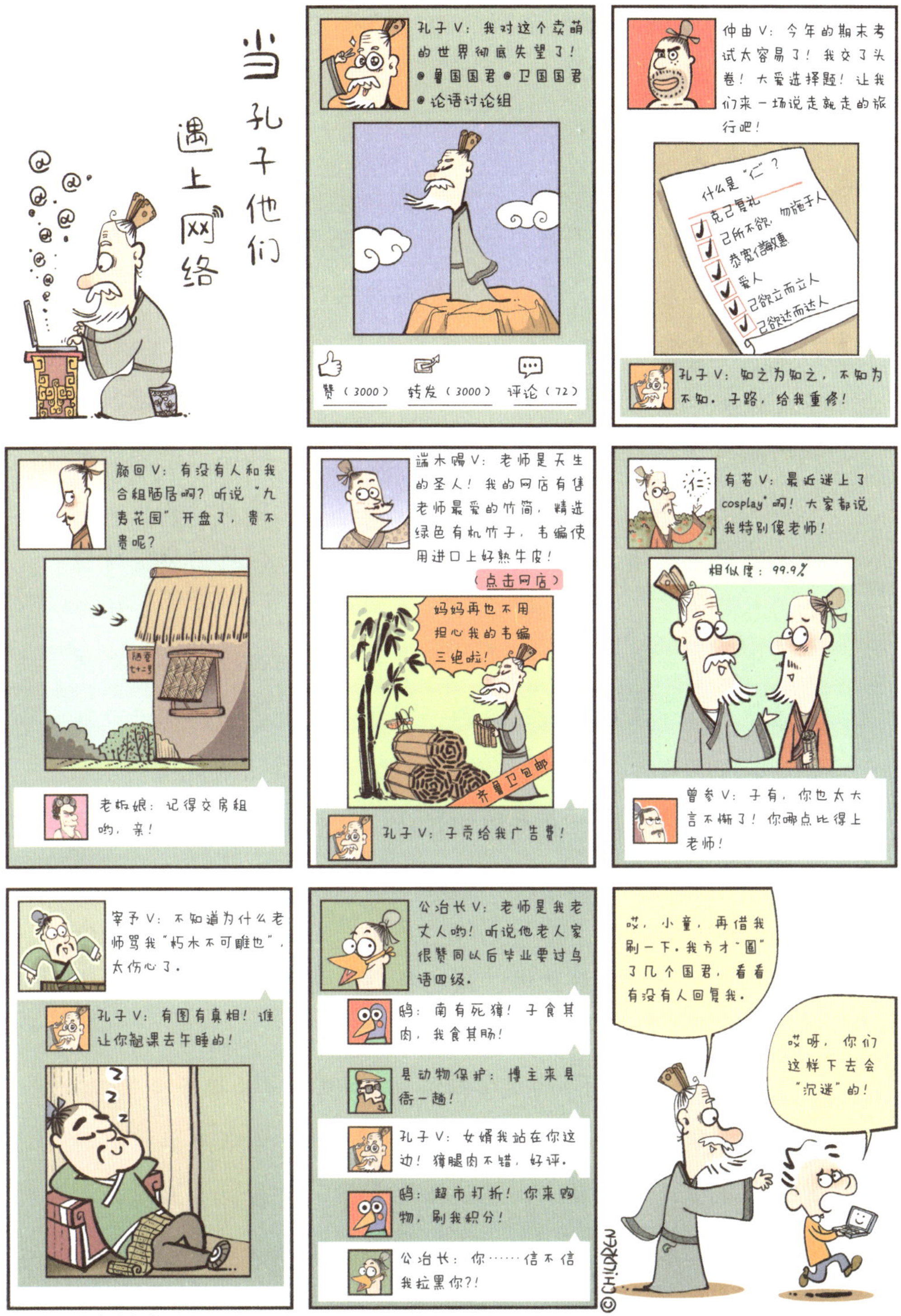

*cosplay：角色扮演。

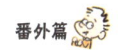

后记

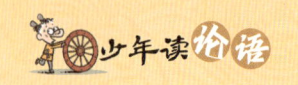

前前后后，画了好久的《论语》漫画，一直是在《小学生时代》上面连载，在我的责任编辑杨峭立老师的鼓励和推动下，今天终于把这些漫画结集出版了。

画了这些个《论语》后，孔子他老人家的形象也逐渐在我的脑海里清晰起来。他是那么和蔼可亲，就像一个邻居家的老爷爷。他从来不认为自己是"圣人"，他自得其乐、孜孜不倦地学习着，虽然有时也会发发牢骚，但是仍然坚持自己的志向。

他带着一大帮学生边走边学，和学生们谈古论今，老师骂过学生，学生也顶撞过老师，不知是谁把这一切都记录到了这本班级日志，也就是《论语》里，真的是太有趣了！

后来我产生了一点大胆的想法：我就是这个偷偷记班级日志的人啊！忽然之间，我就变成了这个小男孩点点，穿越到孔子的时代，成了他门下的一名小学童。于是乎，一个个故事就自然而然地发生啦，我也很高兴地把我的所见所得画下来分享给大家。

书中关于《论语》的文字释义，我参考了《论语译注》（杨伯峻，中华书局，2006年）、《论语精讲》（张燕婴，中国青年出版社，2016年）、《论语·大学·中庸》（王国轩、张燕婴，中华书局，2010年）、《图解论语》（万卷出版公司，2008年）、《丧家狗：我读〈论语〉》（李零，山西人民出版社，2007年），以及其他文献资料。在此，尤其要向李零先生致敬，他的许多观点给了我很大的启发。

不过我并不是一个研究《论语》的学者，本书篇目的选择标准只有两个：一个是要好玩，一个是要好画……也可以说这本书是一本漫画笔记。我也希望拿到这本书的小读者可以这样读这本书：看到哪里好玩，也画上几笔；想到什么有趣的，就写在空白处。

《论语》里的故事那么多、那么丰富，这本书只是零零碎碎画了很小的一部分。俗话说"半部《论语》治天下"，我这本画出来的《论语》就差得远啦，什么都不能治……如果能够治"看书犯困"，那就不错啦！

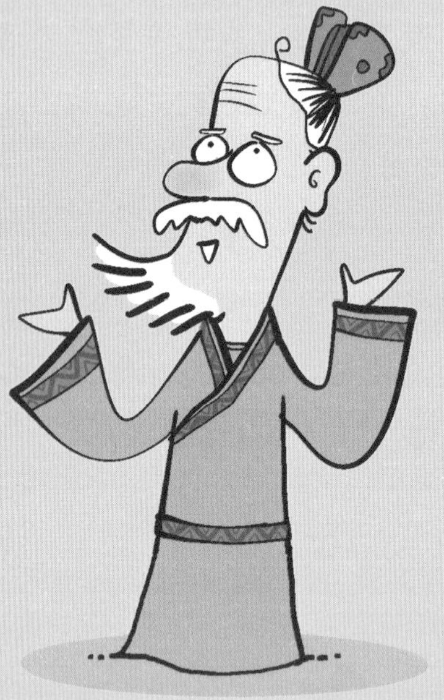